SERMÕES
CRISTOLÓGICOS

Dados Internacionais de Catalogação na Publicação (CIP)
(Câmara Brasileira do Livro, SP, Brasil)

Antonio, de Pádua, Santo, 1195-1231
Sermões cristológicos / Santo Antônio ; tradução de Frei Ary E. Pintarelli. – Petrópolis, RJ : Vozes, 2025.

Título original: I sermioni

ISBN 978-85-326-7241-4

1. Igreja Católica – Sermões I. Título.

25-276528 CDD-252.02

Índices para catálogo sistemático:
1. Sermões : Igreja Católica : Cristianismo 252.02

Cibele Maria Dias – Bibliotecária – CRB-8/9427

SANTO ANTÔNIO

SERMÕES CRISTOLÓGICOS

Tradução de Frei Ary E. Pintarelli, OFM

EDITORA VOZES

Petrópolis

Tradução do original em italiano intitulado *I Sermoni*.
Texto extraído da obra *Sermões / Santo Antônio*, Petrópolis, Vozes, 2019.
P. 154-193; 285-304; 782-791; 837-844; 857-867.

Rua Frei Luís, 100
25689-900 Petrópolis, RJ
www.vozes.com.br
Brasil

Diagramação: Monique Rodrigues
Revisão gráfica: Alessandra Karl
Capa: Érico Lebedenco

ISBN 978-85-326-7241-4

Este livro foi composto e impresso pela Editora Vozes Ltda.

Sumário

Domingo de Ramos

Temas do sermão

- Evangelho de Ramos: "Aproximando-se Jesus de Jerusalém..."; evangelho que se divide em quatro partes.
- Primeiramente sermão sobre a paixão de Cristo, dirigida à alma do pecador: "Sobe a Galaad".
- Parte I: Sermão em louvor à Bem-aventurada Virgem: "Aproximando-se Jesus"; o avestruz e seu simbolismo.
- Sermão moral aos pecadores convertidos: "Jesus, seis dias antes da Páscoa".
- Sermão sobre a tríplice luz do Monte das Oliveiras e seu significado.
- Parte II: Sermão contra os religiosos e os clérigos (clero), representados no jumento e no seu jumentinho: "Então, mandou dois discípulos".
- Parte III: Sermão sobre a humildade, a pobreza e a paixão de Cristo: "Dizei à filha de Sião".
- Sermão contra os prelados soberbos: "Exterminarei as carroças de Efraim".
- Sermão ao bispo: "O rei sentado sobre uma jumenta".
- Parte IV: Sermão sobre a imitação dos exemplos dos santos: "Tomar-vos-eis os frutos da árvore".

Exórdio – Sermão sobre a Paixão de Cristo

1. Naquele tempo, "Aproximando-se Jesus de Jerusalém, e chegando a Betfagé, junto ao Monte das Oliveiras" (Mt 21,1) etc.

Jeremias fala assim à alma pecadora: "Sobe a Galaad e toma o bálsamo, ó virgem filha do Egito" (Jr 46,11). A filha do Egito é a alma cegada pelos prazeres deste mundo: Egito interpreta-se "trevas". De fato, Jeremias continua: "De que maneira o Senhor, na sua ira, cobriu", isto é, permitiu que fosse coberta, "de escuridão a filha de Sião?" (Lm 2,1), isto é, a alma, que deve ser filha de Sião? Ela é chamada virgem porque estéril de boas obras. E de novo Jeremias: "O Senhor pisou, como num lagar, a virgem, filha de Sião" (Lm 1,15), isto é, condenou-a à pena eterna, porque ficou estéril da prole das boas obras. E lhe diz: "Sobe", com os pés do amor, com os passos da devoção, "a Galaad", que se interpreta "montão de testemunhos"; isto é, sobe sobre a cruz de Jesus Cristo, sobre a qual se acumularam numerosos testemunhos de nossa redenção, quer dizer, os pregos, a lança, o fel, o vinagre e a coroa de espinhos; e dali "toma o bálsamo".

O bálsamo é uma lágrima, uma gota que destila de uma árvore. O melhor bálsamo de todos é o do terebinto (a terebintina). Ela representa a gota do sangue preciosíssimo que fluiu da árvore, plantada no jardim das delícias (cf. Gn 2,8), "ao longo do curso das águas" (Sl 1,3), para a reconciliação do gênero humano.

Toma, pois, ó alma, este bálsamo e unge as tuas feridas, porque ele é o medicamento mais poderoso e eficaz para saná-las, para obter o perdão e para infundir a graça. Portanto, sobe a Galaad, isto é, sobe com Jesus a Jerusalém, porque também Ele ali subiu no dia de festa (cf. Jo 7,8). De fato, o evangelho de hoje diz: Partindo Jesus para Jerusalém etc.

2. Neste evangelho devem ser observados quatro momentos. Primeiro, Jesus que se aproxima de Jerusalém: "Aproximando-se" etc. Segundo, o envio dos dois discípulos para a aldeia: "Então mandou dois de seus discípulos" etc. Terceiro, o assentar-se do rei manso, pobre e humilde sobre uma jumenta e seu jumentinho: "Eis que teu

rei vem, sentado sobre uma jumenta" etc. Quarto, o entusiasmo e as aclamações da multidão: "Hosana ao Filho de Davi", e "Uma enorme multidão" etc.

I – Jesus se aproxima de Jerusalém

3. "Aproximando-se Jesus de Jerusalém..." etc. Observa que o Senhor, quando foi a Jerusalém, fez este percurso: primeiro chegou a Betânia, de Betânia dirigiu-se a Betfagé, de Betfagé ao Monte das Oliveiras, e do Monte das Oliveiras chegou a Jerusalém. Veremos o que significa tudo isso: primeiro o significado alegórico e depois, o moral.

Betânia, que se interpreta "casa da obediência", ou "casa do dom de Deus", ou ainda "casa agradável ao Senhor", representa a Virgem Maria, que obedeceu à voz do anjo e, por isso, mereceu acolher o dom celeste, o Filho de Deus, e assim foi agradável ao Senhor mais do que qualquer outra criatura. De fato, dela se diz nos Provérbios: "Muitas filhas ajuntaram riquezas; tu excedeste a todas" (Pr 31,29). Nenhum santo acumulou em sua alma tanta riqueza de virtude quanto a Virgem Maria, que por sua extraordinária humildade, pela flor incontaminada da virgindade, mereceu conceber e dar à luz o Filho de Deus, "que está acima de todas as coisas, Deus bendito por todos os séculos" (Rm 9,5).

E desta Betânia Jesus dirigiu-se a Betfagé, que se interpreta "casa da boca". Ela representa a pregação de Jesus. Por isso chegou antes a Betânia, isto é, assumiu a carne humana da Virgem, para depois se dedicar à pregação. Ele mesmo diz: "Vamos para as cidades e aldeias vizinhas, a fim de que eu pregue também lá, pois para isso é que eu vim" (Mc 1,38).

E de Betfagé dirigiu-se ao Monte das Oliveiras, isto é, da misericórdia. *Èleos* (termo grego que se assemelha ao latim *olea*, oliveira) interpreta-se "misericórdia". O Monte das Oliveiras está a indicar a grandeza dos milagres que Jesus misericordioso e benigno operou em favor dos cegos, dos leprosos, dos possuídos pelo demônio e dos mortos. E todos estes miraculados dizem por boca de Isaías: "Tu,

Senhor, és nosso pai, nosso redentor; este é teu nome desde sempre" (Is 63,16). Nosso pai pela criação, nosso redentor pelos milagres operados; este é o teu nome desde sempre porque és bendito por todos os séculos.

E do Monte das Oliveiras foi para Jerusalém, a fim de cumprir a obra de nossa salvação, para a qual tinha vindo; para resgatar com seu sangue das mãos do diabo o gênero humano, escravo no cárcere do inferno há mais de 5 mil anos. Portanto, Cristo nos libertou desse modo, como aquele pássaro, que se chama avestruz, liberta seu filhote.

Narra-se que o sapientíssimo Rei Salomão possuía uma espécie de pássaro, precisamente um avestruz, cujo filhote havia prendido num vaso de vidro: a mãe o olhava cheia de dor, mas não podia tê-lo. Finalmente, pelo extraordinário amor que nutria pelo filho, foi ao deserto onde encontrou um verme; levou-o consigo e o despedaçou sobre o vaso de vidro. O poder do sangue do verme quebrou o vidro e assim o avestruz libertou seu filhote. Vejamos o significado que têm o pássaro, o filhote, o vaso de vidro, o deserto, o verme e seu sangue.

Este pássaro simboliza a divindade; seu filho representa Adão e sua descendência; o vaso de vidro, o cárcere do inferno; o deserto, o seio virginal; o verme, a humanidade de Cristo; o sangue, a sua paixão.

Para libertar o gênero humano do cárcere do inferno e da mão do diabo, Deus veio para o deserto, isto é, para o seio da Virgem, da qual assumiu o "verme", isto é, a humanidade. Ele próprio disse: "Eu sou um verme e não um homem" apenas (Sl 21,7), porque era Deus e homem. Despedaçou este verme sobre o patíbulo da cruz e de seu lado saiu o sangue, cujo poder quebrou as portas do inferno e libertou o gênero humano da mão do diabo.

4. Vejamos também que significado têm Betânia, Betfagé, o Monte das Oliveiras e Jerusalém.

Diz João no seu evangelho: "Seis dias antes da Páscoa, isto é, no sábado que precede o Domingo de Ramos, Jesus foi a Betânia, onde morrera Lázaro, que Jesus tinha ressuscitado. Lá lhe deram uma ceia; Marta servia e Lázaro era um dos que estavam à mesa com Ele.

Então, Maria tomou uma libra de bálsamo feito de nardo puro (pisticus) de grande preço, ungiu os pés de Jesus" (Jo 12,1-3). Mateus e Marcos, porém, dizem que ela derramou um nardo perfumado sobre a cabeça de Jesus, que estava à mesa (cf. Mt 26,7; Mc 14,3).

Betânia interpreta-se "casa da aflição". E esta é a contrição do coração, da qual fala o profeta: "Estou aflito e grandemente abatido; o gemido do meu coração arranca-me rugidos" (Sl 37,9). Nesta casa foi ressuscitado Lázaro, cujo nome interpreta-se "ajudado". De fato, na casa da contrição o pecador é ressuscitado, é ajudado com a graça divina e, portanto, diz com o profeta: "Nele esperou o meu coração e fui ajudado" (Sl 27,7). Quando o coração espera, a graça vem em ajuda. E o coração pode esperar na indulgência e no perdão, quando o atormenta a dor da contrição pelo pecado cometido.

"Então deram-lhe uma ceia e Maria servia." As duas irmãs do pecador ressuscitado da morte do pecado, Marta, cujo significado é "que provoca" ou "que irrita", e Maria, que se interpreta "estrela-do-mar", são o temor da pena e o amor da glória. O temor da pena provoca o pecador ao pranto e o estimula quase como um investigador a procurar o pecado e a confessá-lo com todas as suas circunstâncias. O amor da glória ilumina, o temor impele, o amor conforta.

"Marta", diz, "servia". O que serve o temor? Certamente o pão da dor e o vinho da compunção. Esta é a ceia de Jesus, e dela diz Mateus: "Enquanto comiam, Jesus tomou o pão, disse a bênção, partiu-o e o deu aos seus discípulos... E tomando o cálice, deu graças e deu-lhes dizendo: Bebei dele todos" (Mt 26,26-27).

"Lázaro, pois, era um dos comensais, junto com Jesus." Para não parecer um fantasma, mas que sua ressurreição era evidente, ele comia e bebia. Que grande graça! O pecador, que antes estava deitado no túmulo, agora está acomodado à mesa e se banqueteia com Jesus e seus discípulos; ele que antes desejava encher o estômago, isto é, a mente, com as landes dos porcos, isto é, com as imundícies dos demônios e ninguém lhe dava (cf. Lc 15,16).

"Maria então tomou uma libra de verdadeiro nardo precioso." A libra consta de doze onças: e aqui temos uma espécie de peso perfeito, porque consta de tantas onças quantos são os meses do ano. Ora, a libra é chamada assim porque é "livre" e porque compreende em si mesma todos os pesos. Nardo verdadeiro (genuíno) em latim é chamado *pisticus*, isto é, autêntico, sem contrafações e deriva do grego *pistis*, que quer dizer fé.

A libra, composta de doze onças, é a fé dos doze apóstolos, livre e perfeita. Maria, pois, isto é, o amor da glória celeste, unge a cabeça da divindade e os pés da humanidade com uma libra de nardo genuíno, reconhecendo que Cristo é Deus e homem, que nasceu e sofreu a paixão. E assim, a casa, isto é, a consciência do penitente, encheu-se com o perfume do unguento (cf. Jo 12,3), dizendo com a esposa do Cântico dos Cânticos: Ó Senhor Jesus, com a corda do teu amor arrasta-me atrás de ti, para que eu corra no perfume dos teus unguentos (cf. 1,3), para que de Betânia eu chegue a Betfagé.

5. Betfagé interpreta-se "casa da boca", e está a indicar a confissão, na qual devemos ser como residentes, não como hóspede de uma noite que passou (cf. Sb 5,15), para que não nos aconteça aquilo que diz Jeremias: "Assim fala o Senhor a este povo, que gosta de mover os seus pés, e não repousa, nem agrada ao Senhor: Agora o Senhor se lembrará de suas maldades, e visitará [punirá] os seus pecados" (Jr 14,10).

"E de Betfagé foi ao Monte das Oliveiras." Recorda que o Monte das Oliveiras era chamado de "Monte das Três Luzes", porque era iluminado pelo sol, por si mesmo e pelo templo: pelo sol, porque voltado para o Oriente recebia seus raios; por si mesmo pela abundância do óleo que produzia; pelo templo, por causa das lâmpadas que de noite ali ardiam e iluminavam também o monte.

O Monte das Oliveiras representa a importância da satisfação (penitência) à qual deve chegar o penitente da casa da confissão. E justamente a satisfação é chamada "Monte das Três Luzes". De fato, parando na obra da penitência, o homem é iluminado pelo sol da justiça, Cristo Jesus, que diz de si mesmo: "Eu sou a luz do mundo" (Jo 8,12); é iluminado por si mesmo, porque deve estar abastecido de óleo abundante, isto é, de misericórdia para si mesmo e para o próximo; com efeito, Jó diz: "Visitando teus semelhantes não pecarás" (Jó 5,24). Disse um santo: "Nunca a alma poderá ver melhor sobre si os seus semelhantes por meio da verdade, do que quando a carne se inclina abaixo de si para o seu semelhante por meio da caridade". Será iluminado também pelo templo, isto é, pela comunidade dos fiéis, aos quais diz o Apóstolo: "Santo é o templo de Deus, que sois vós" (1Cor 3,17).

E do Monte das Oliveiras foi para Jerusalém. Com efeito, estas três coisas, a contrição do coração, a confissão da boca e a obra de penitência, que satisfaz o débito do pecado, conduzem à luz, à Jerusalém celeste, à bem-aventurança eterna. Portanto, justamente se diz: "Jesus, tendo-se aproximado de Jerusalém..." etc.

II – O envio dos dois discípulos à aldeia

6. "Jesus enviou dois dos seus discípulos dizendo-lhes: Ide à aldeia (*castellum*) que está diante de vós, e logo encontrareis presa uma jumenta e o seu jumentinho com ela; desprendei-a e trazei-a a mim (Mt 21,1-2). Vejamos o que representam em sentido moral os dois discípulos, a aldeia, a jumenta e o seu jumentinho.

O discípulo é chamado assim porque aprende (*discit*) a disciplina. A aldeia (*castellum*) é constituída de uma muralha que circunda totalmente uma torre, situada ao centro. O jumento, ou a jumenta, é chamado assim porque, digamos, "deixa as coisas altas" (latim: *alta sinens*); jumentinho (*pullus*) é como *pollutus*, impuro, manchado, porque nasceu há pouco. Portanto, os dois discípulos do justo, que aprendem a disciplina da paz, são o desprezo do mundo e a humildade do coração.

Estes dois discípulos são Moisés e Aarão, que fazem sair os hebreus do Egito, são as duas varas que serviam para transportar a arca do testemunho, são os dois querubins que olham o "propiciatório" (a cobertura de ouro da arca), voltados um para o outro (cf. Ex 25,17-18).

Em Moisés, que, como diz o Apóstolo, "considerava maior riqueza o opróbrio de Cristo do que os tesouros dos egípcios" (Hb 11,26), é representado o desprezo do mundo. Em Aarão, que apagou o fogo e aplacou a ira de Deus para que não se enfurecesse sobre todo o povo (cf. Nm 16,46-49), é indicada a humildade do coração que apaga o fogo da sugestão diabólica e aplaca a ira da punição divina. Estes dois discípulos, como duas varas inflexíveis, carregam a arca do testamento, isto é, a doutrina de Jesus Cristo, ou a obediência ao prelado. Olham para o propiciatório, isto é, para o próprio Jesus Cristo, que é "propiciação pelos nossos pecados (cf. 1Jo 4,10); olham, direi ainda, para Cristo deitado na manjedoura, pregado na cruz, deposto no sepulcro.

O justo envia estes dois discípulos, dizendo: "Ide à aldeia [castelo] que está diante de vós". O castelo (*aldeia*) é constituído, como já dissemos, de um muro perimetral e de uma torre: no muro é indicada a abundância das coisas temporais, na torre, a soberba do diabo. Como no muro se sobrepõe pedra sobre pedra, e as pedras se ligam entre si com o cimento, assim na abundância das coisas temporais o dinheiro se acrescenta ao dinheiro, casa une-se com casa, campo acrescenta-se a campo (cf. Is 5,8), e tudo se apega tenazmente com o cimento da cobiça. Desse muro diz Isaías: "Meu ventre estremece por Moab como uma harpa, e minhas entranhas pelo muro de tijolos cozidos [ao fogo]" (Is 16,11). E Jeremias, quase com as mesmas palavras: "O meu coração por causa de Moab ressoará como flauta; o meu coração imitará o som da flauta sobre os habitantes do muro de tijolos cozidos" (Jr 48,36). No ventre é designada a mente, na harpa ou na flauta, a melodia da pregação. Com coração e mente compungidos e com a melodia da pregação, Isaías e Jeremias, isto é, cada pregador, deve soar em Moab, que se interpreta "ao pai", isto é, ao pecador, que provém daquele pai que é o diabo, que constrói o muro de cozidos e de tijolos de argila, isto é, a abundância dos bens temporais: cozido, porque endurecido ao fogo da cobiça, de argila porque destinado a ruir. Igualmente, na torre é indicada a soberba do diabo. Esta é a torre de Babel, isto é, da confusão, a torre de Siloé que, como se lê no Evangelho de Lucas, ao cair matou dezoito homens (cf. Lc 13,4). O justo envia contra este castelo (aldeia), dois discípulos seus, isto é, o desprezo do mundo, para que faça ruir o muro da abundância transitória, e a humildade do coração, para que abata a torre da soberba.

7. E diz justamente: "que está diante [latim: *contra*] de vós". A abundância deste mundo é sempre contrária à pobreza, e a soberba, contrária à humildade. Nesse castelo encontra-se uma jumenta amarrada e com ela o seu jumentinho (o asnozinho). A jumenta, que deixa as coisas altas e caminha no plano, representa a vida dos clérigos e dos religiosos, que, abandonada a altura da contemplação, procede preguiçosa e fátua entre as baixezas do prazer carnal. Mas ai! com quantas correntes de prazer, com quantas cordas de pecados é mantida amarrada esta jumenta!

"E junto a ela um jumentinho" (asnozinho). Este filhote de jumenta representa o clérigo ou o religioso que, justamente é chamado jumentinho (*pullus*), porque é manchado (*pollutus*) por muitos vícios. É encontrado junto com a jumenta, agarrado às suas tetas, da gula e da luxúria, chupando por trás. De ambos se lamenta o Senhor, com as palavras de Jeremias: "Cumulei-os de bens e adulteraram, e entregaram-se às suas paixões em casa da meretriz" (Jr 5,7). E mais adiante diz que o cinto de Jeremias estava apodrecido no Rio Eufrates, de modo que já não servia para mais nada (cf. 13,7). "O cinto da castidade de muitos clérigos e de muitos religiosos apodrece no Rio Eufrates, que se interpreta "fértil", e indica a abundância de bens temporais – de fato, da gordura provém a iniquidade –, de modo que eles não servem para mais nada, senão para serem lançados na estrumeira do inferno.

"Desamarrai-a e trazei-a a mim." Ó Senhor Jesus, o que é que dizes? Quem poderá desamarrar as correntes dos clérigos e dos falsos religiosos, as riquezas, as honras e os prazeres com os quais são mantidos amarrados, abater sua soberba e conduzi-los a ti? "Todos, diz Jeremias, são como um cavalo que corre velozmente" (Jr 8,6); "sua corrida tornou-se má, e sua fortaleza já é diferente" (Jr 23,10) da imagem, à semelhança da qual os criou (cf. Gn 1,26); ou também é diversa porque não estão contaminados por um vício só, mas por diversos vícios.

Por isso continua Jeremias: "Tanto o profeta como o sacerdote são imundos e na minha casa encontrei os males que eles lá cometeram. Todos se tornaram para mim como os habitantes de Sodoma e de Gomorra. Por isso, diz o Senhor: Eis que os alimentarei com absinto", isto é, com a amargura da morte eterna, "e lhes darei fel a beber", isto é, com a amargura do remorso de consciência. "Porque dos profetas de Jerusalém é que se derramou a corrupção sobre toda a terra" (Jr 23,11.14-15).

"Desamarrai-os, diz Jesus, e trazei-os a mim." O desprezo do mundo e a humildade do espírito desamarram todos os laços e levam ao Senhor a jumenta e seu jumentinho.

III – Jesus, Rei sentando-se sobre a jumenta e seu jumentinho

8. "Tudo isto aconteceu para que se cumprisse aquilo que fora anunciado pelo profeta", isto é, por Zacarias: "Dizei à filha de Sião: Eis que o teu rei vem a ti manso, montado numa jumenta e num jumentinho, filho da que leva o jugo" (Mt 21,4-5). E estas são, literalmente, as palavras de Zacarias: "Salta de alegria, ó filha de Sião, enche-te de júbilo, ó filha de Jerusalém. Eis que o teu rei virá a ti, justo e salvador; ele é pobre, e vem montado sobre uma jumenta e sobre um jumentinho, filho de jumenta. Então exterminarei as carroças de Efraim e os cavalos de Jerusalém; os arcos que servem na guerra serão quebrados" (Zc 9,9-10). Sião e Jerusalém são a mesma cidade, porque Sião é a torre de Jerusalém, e representa a Jerusalém celeste, na qual existia a eterna contemplação e a visão da paz absoluta.

A filha de Sião é a Santa Igreja, a quem, ó pregadores, deveis dizer: "Salta de alegria na fadiga, enche-te de júbilo no teu espírito". De fato, o júbilo prorrompe do coração com tão grande alegria quanta não tem condições de exprimir a eficácia da palavra. "Eis o teu rei", do qual diz Jeremias: "Ninguém é como tu, Senhor; tu és grande e grande em poder é teu nome. Quem não te temeria, rei das nações?" (Jr 10,6-7). Ele, lemos no Apocalipse, "em seu manto e em sua coxa traz escrito: Rei dos reis e Senhor dos senhores" (Ap 19,16).

O manto representa as suas faixas e a coxa é a sua carne. Com efeito, em Nazaré foi coroado de carne humana, como de um diadema; em Belém foi envolvido em faixas, como de púrpura. E estas foram as primeiras insígnias de seu reino. Sobre ambas as coisas enfureceram-se os judeus, como se tivessem querido privá-lo de seu reino; de fato, na paixão, Cristo foi por eles despojado de suas vestes e sua carne foi pregada à cruz com os pregos. Mas ali seu reino afirmou-se perfeitamente; de fato, depois da coroa e da púrpura, só lhe faltava o cetro. Recebeu também este quando, "carregando a sua cruz", como diz João, "saiu para o Calvário" (Jo 19,17). E Isaías: "Sobre seus ombros é posto o sinal de sua soberania" (Is 9,6); e o Apóstolo na Carta aos Hebreus: "Nós vimos Jesus coroado de glória e de honra, por causa da morte que sofreu" (Hb 2,9).

9. "Eis que o teu rei vem a ti", isto é, para tua utilidade, "vem manso", para ser amado, e não vem com o poder para ser temido, "sentado sobre uma jumenta". Diz Zacarias: "Justo e Salvador, ele é pobre, montado sobre uma jumenta". As virtudes próprias de um rei são duas: a justiça e a piedade. Assim, o teu rei é justo porque, em vestes de justiça, retribui a cada um segundo suas obras; é manso e redentor, em vestes de piedade; e é também pobre: de fato, na epístola de hoje é dito: "Aniquilou-se a si mesmo, assumindo a condição de servo" (Fl 2,7). Já que Adão no paraíso terrestre não quis servir o Senhor, o Senhor assumiu a condição de servo para servir o servo, para que no futuro o servo não se envergonhasse de servir o Patrão.

"Tornando-se semelhante aos homens e sendo reconhecido por condição como homem" (Fl 2,7). Por isso diz Baruc: "Assim, apareceu sobre a terra e viveu entre os homens" (Br 3,38). Aquele "*como*" (latim: *ut*) expressa a verdade, a realidade e não a semelhança. "Humilhou-se a si mesmo, fazendo-se obediente até a morte e morte de cruz" (Fl 2,8).

Sobre isso diz Agostinho: O nosso Redentor armou ao nosso tirano (predador) a "cilada" de sua cruz e ali colocou como isca o seu sangue. Ele derramou o seu sangue, mas que não era sangue de um devedor e, por isso, foi separado dos devedores (cf. Hb 2,14; 7,26). E o Bem-aventurado Bernardo diz de Cristo: "Teve em tão grande estima a obediência que preferiu perder a vida e não a obediência, feito obediente ao Pai até a morte", e a morte de cruz. Ele, que não teve onde pousar a cabeça (cf. Mt 8,20; Lc 9,58), a não ser sobre a cruz, onde "reclinando a cabeça, entregou o espírito" (Jo 19,30).

10. "Ele foi pobre." Realmente, diz Jeremias: "Ó esperança de Israel, seu salvador no tempo da tribulação, por que hás de ser nesta terra como um estranho, e como um viandante que renuncia parar? Por que te comportas como um homem errante, como um homem forte incapaz de salvar?" (Jr 14,8-9).

O nosso Deus, o Filho de Deus, aquele que esperávamos, chegou, e no tempo da tribulação, isto é, da perseguição diabólica, salvou-nos, e como um estranho, um estrangeiro, um peregrino habitou em nossa terra e a irrigou com a água de sua pregação. Ele foi como um viajante sem bagagem (*levis*), isto é, imune ao pecado; realizou sua missão porque "exultou como um gigante que percorre o seu caminho" (Sl 18,6); reclinou, então, a cabeça sobre a cruz quando disse: "Pai, em tuas mãos entrego o meu espírito" (Lc 23,46), e depois ficou fechado no sepulcro três dias e três noites.

"Aqui é chamado homem errante", segundo a avaliação dos judeus, que o consideravam ambulante e inconstante. Por isso, quando disse: "Tenho o poder de oferecer minha vida e retomá-la novamente" (Jo 10,18), "muitos deles diziam: Tem um demônio e está fora de si, por que ficais a escutá-lo?" (Jo 10,20). Por causa da condição de servo, que havia assumido, parecia-lhes privado do poder de salvar. Mas Ele foi "o homem forte" que, com as mãos transpassadas pelos pregos, venceu o diabo. "Eis, pois, que o teu rei vem a ti, manso, montando numa jumenta e com um jumentinho, filho de jumenta", isto é, da mesma jumenta domada com o peso.

Ah! oxalá os clérigos e os religiosos quisessem acolher tão grande rei, um tão nobre "cavaleiro", e carregá-lo devotamente como fizeram aqueles mansos animais, para serem dignos de entrar com Ele na Jerusalém celeste. Mas, assim como são filhos de Belial, isto é, "sem jugo" e, como diz Jeremias, "correram atrás daquilo que é vão e eles próprios se tornaram vaidade; e não perguntaram: Onde está o Senhor?" (Jr 2,5-6), quebraram o jugo e despedaçaram as cordas e disseram: "Não serviremos!"

Por tudo isso, o Senhor, por boca de Zacarias, diz deles: "Exterminarei as carroças de Efraim e o cavalo de Jerusalém e será quebrado o arco de guerra". A carroça, que gira sobre quatro rodas, representa a abundância na qual vivem os clérigos; abundância que consiste em quatro coisas: na extensão das propriedades, no acúmulo das prebendas e das rendas, na suntuosidade dos alimentos e no luxo das vestes. O Senhor exterminará esta carroça e lançará ao mar do inferno quem está nela (cf. Ex 15,1); exterminará o cavalo, isto é, a soberba espumosa e desenfreada dos religiosos que, sob o hábito da religião, sob o pretexto da santidade, consideram-se grandes.

Mas o Senhor grande e poderoso, que olha os humildes e abate os grandes (cf. Sl 137,6), expulsará este cavalo da Jerusalém celeste, na qual ninguém entrará, a não ser quem se humilhar como uma criança (cf. Mt 18,4), como Ele se humilhou até a morte e morte de cruz.

11. Sentido moral. O rei que está montado sobre uma jumenta e seu jumentinho representa o justo que mortifica sua carne e freia seus estímulos. Diz Jeremias: "Virgem de Israel, ainda hás de ser adornada com teus tímpanos e hás de sair no coro dos festejantes" (Jr 31,4).

No tímpano, que é a pele de um animal morto esticada sobre um círculo de madeira, é indicada a mortificação da carne; no coro, no qual as vozes estão de acordo, é representada a concórdia da unidade. Portanto, a alma está ornada com os tímpanos e sai no coro dos festejantes quando está como que adornada pela mortificação da carne e da concórdia da unidade. Diz o profeta: "Com tímpanos e em coro louvai o Senhor" (Sl 150,4).

Outro significado. O rei que está montado sobre a jumenta é o bispo, que governa o povo a ele confiado, do qual diz Salomão: "Bem-aventurada a terra", isto é, a Igreja, "cujo rei é de uma família ilustre e cujos príncipes", isto é, os prelados, "comem no tempo certo para se nutrirem e não para se entregarem à devassidão" (Ecl 10,17). "Comem só para viver e não vivem para comer" (*Glosa*); "comem no tempo certo", porque não procuram a recompensa aqui, mas olham para a futura. Este rei deve ser – como dissemos acima – manso, justo, salvador e pobre. Manso com os súditos; justo com os soberbos, derramando vinho e óleo; salvador em relação aos pobres; pobre, embora entre as riquezas. Ou ainda: manso se recebe uma injúria; justo exercendo a justiça para com todos; salvador com a pregação e com a oração; pobre pela humildade de coração e pelo desprezo de si.

Bem-aventurada a jumenta [*sic*], bem-aventurada a Igreja que tem semelhante governante (*sessore*). Ao contrário, o bispo deste nosso tempo é como Balaão, montado sobre a jumenta: ela via o anjo, enquanto Balaão não podia vê-lo (cf. Nm 22,2130). Balaão interpreta-se "que devora o povo". Um bispo escandaloso é uma árvore inútil: com seu mau exemplo demole a fraternidade dos fiéis e, primeiro, precipita-a no pecado e, depois, no inferno; com sua estultice, já que é também incapaz, perturba os fiéis; com sua avareza devora o povo. Ele, montado sobre a jumenta, não só não vê o anjo, mas vos garanto que vê o diabo, pronto a precipitá-lo no inferno. O povo simples, porém, que tem uma fé reta e que vive honestamente, vê o anjo do Supremo Conselho, reconhece e ama o Filho de Deus.

IV – O entusiasmo e as aclamações da multidão a Jesus

12. "O povo, em grande número, estendia os seus mantos pelo caminho; outros cortavam ramos de árvores e os espalhavam pela estrada; as multidões que o precediam e as que iam atrás gritavam, dizendo: Hosana ao Filho de Davi! Bendito o que vem em nome do Senhor!" (Mt 21,8-9). Presta atenção a estes três fatos: estendiam as próprias vestes, cortavam os ramos e gritavam Hosana! As vestes representam os membros do nosso corpo, com as quais se veste a alma. Delas diz Salomão: "Em todo o tempo, as tuas vestes sejam brancas" (Ecl 9,8). Devemos estendê-lo sobre o caminho, quer dizer, estarmos prontos a expô-las à paixão e à morte pelo nome de Jesus, para merecer reavê-las gloriosas e imortais na ressurreição final, quando este corpo corruptível se vestir de incorruptibilidade e este corpo mortal se vestir de imortalidade (cf. 1Cor 15,53).

Os ramos são os exemplos dos Santos Padres, dos quais diz o Senhor: "Tomareis dos frutos da árvore mais formosa, espadas de palmeira, ramos de árvore frondosa, salgueiros da torrente e vos alegrareis diante do Senhor, vosso Deus" (Lv 23,40). A árvore mais formosa é a gloriosa Virgem Maria, cujos frutos foram a humildade e a pobreza. As palmeiras foram os apóstolos, que alcançaram a vitória sobre este mundo. As espadas são os frutos da palmeira antes de abrir-se: nelas vemos a fé, a esperança e a caridade dos apóstolos. A árvore frondosa é a cruz de Cristo, que alargou os densos ramos da fé para todo o mundo.

Os ramos desta árvore foram as quatro extremidades da cruz, às quais foram pregados os pés e as mãos de Cristo. Nestas quatro extremidades havia quatro pedras preciosas: a misericórdia, a obediência, a paciência e a perseverança. Na extremidade superior estava a misericórdia, naquela da direita, a obediência, na da esquerda, a paciência e na inferior, a perseverança. Os salgueiros da torrente, que permanecem sempre verdes, representam todos os santos, que, na torrente desta vida mortal e passageira permaneceram sempre verdes em boas obras.

Tomemos, pois, os frutos da árvore mais formosa, quer dizer, a pobreza e a humildade da Virgem Maria, as espadas das palmeiras, isto é, a fé, a esperança e a caridade dos apóstolos, os ramos da árvore frondosa, isto é, a misericórdia, a obediência, a paciência e a perseverança da paixão de Jesus Cristo, os salgueiros da torrente, quer dizer, as exuberantes obras de todos os santos, e exultemos diante do Senhor, nosso Deus, Jesus Cristo, gritando com as turbas e com os meninos dos hebreus: "Hosana ao Filho de Davi! Bendito aquele que vem em nome do Senhor! Hosana no mais alto dos céus!" (Mt 21,9).

Hosana interpreta-se "salvação", ou "salva, eu te peço!" Hosana, pois, isto é, a salvação pertence ao Filho de Davi, ou vem pelo Filho de Davi ou por meio do Filho. Bendito, isto é, imune do pecado: portanto, és bendito de modo particular tu, ó Cristo, que vens em nome do Senhor, isto é, em honra do Pai, ou "que vens", isto é, que virás. De fato, tu que antes apareceste na condição de servo, virás no fim como glorioso Senhor. Hosana no alto dos céus, isto é, "salva no alto dos céus"; como se dissesse: tu que salvaste na terra com a redenção, salva, pedimos-te, dando-nos um lugar nos céus.

Pedimos-te, pois, ó Jesus bendito: faze que também nós nos aproximemos de Jerusalém com o teu temor e com o teu amor. Leva-nos a ti da aldeia desta peregrinação terrena; repousa-te, Tu, nosso rei, na nossa alma, para que junto com os meninos que escolheste deste mundo, isto é, com os apóstolos, sejamos feitos dignos de glorificar-te, de louvar-te, de bendizer-te na cidade santa, na eterna bem-aventurança. Concede-nos isso, ó Tu, a quem pertence a honra e a glória pelos séculos eternos. Amém. E toda alma fiel responda: Amém!

A Ceia do Senhor

(Quinta-feira Santa)

1. "Jesus levantou-se da mesa, depôs o seu manto, e, pegando uma toalha, cingiu-se com ela. Depois derramou água numa bacia, começou a lavar os pés dos discípulos e a enxugá-los com a toalha com que estava cingido" (Jo 13,4-5).

Exórdio – A Ceia do Senhor comparada à ceia de Abraão

2. No Gênesis, lemos um fato análogo: "Trarei um pouco de água – disse Abraão –, para lavar os vossos pés e descansai debaixo desta árvore. Trarei um pedaço de pão para refazer as vossas forças" (Gn 18,4-5). O que Abraão fez aos três mensageiros, Cristo o fez aos santos apóstolos, mensageiros da verdade, que teriam pregado em todo o mundo a fé na Trindade; inclinou-se a seus pés como um servo e, assim inclinado, lavou seus pés. Ó inconcebível humildade! Ó indizível condescendência! Aquele que nos céus é adorado pelos anjos, inclina-se aos pés dos pescadores; aquela cabeça que faz tremer os anjos inclina-se sob os pés dos pobres.

Por isso, Pedro se espantou e disse: "Jamais me lavarás os pés!" (Jo 13,8), isto é, nunca. Tomado de espanto, não pôde tolerar que um Deus se humilhasse a seus pés. Mas o Senhor replicou: "Se eu não os lavar, não terás parte comigo" (Jo 13,8). Comenta a *Glosa*: Quem não for lavado por meio do batismo e com a confissão e a penitência não tem parte com Jesus.

Depois que lhes lavou os pés (cf. Jo 13,12), os fez repousar sob a árvore que era Ele próprio. "Sentei-me à sombra daquele a quem tanto desejara; e o seu fruto [isto é, seu corpo e seu sangue] é doce à minha boca" (Ct 2,3). Este é o pedaço de pão que pôs diante deles, com o qual fortaleceu seu coração para suportar as fadigas. "Enquanto eles comiam, Jesus tomou o pão, benzeu-o e o partiu" (Mt 26,26). Partiu-o para indicar que "a fracção" de seu corpo não teria acontecido sem sua vontade. Primeiro o benzeu, porque, junto com o Pai e o Espírito Santo, encheu com a graça do poder divino a natureza que havia assumido. "Tomai e comei, este é o meu corpo" (Mt 26,26). Entenda assim: "Benzeu-o", subentendido dizendo: "Este é o meu corpo". Depois partiu-o, deu-o a eles e disse: "Comei!", e repetiu: "Este é o meu corpo".

I – Sermão alegórico

3. Veremos o significado alegórico da ceia, das vestes e da toalha; como também da água, da bacia e dos pés dos discípulos.

A ceia é a glória do Pai; a deposição das vestes representa a aniquilação da majestade; a toalha indica a carne inocente; a água representa a efusão do sangue ou também a infusão da graça; a bacia, o coração dos discípulos, os pés, seus sentimentos.

Depois se levantou da mesa, à qual se encontrava com Deus Pai: "Um homem fez uma grande ceia e convidou a muitos" (Lc 14,16). Uma grande ceia, porque esplêndida e transbordante da glória da divina majestade, das riquezas da bem-aventurança angélica, das delícias da dupla glorificação. A esta ceia muitos são chamados, mas poucos vão, porque "infinito é o número dos insensatos" (Ecl 1,15), que trocam "a ceia da vida" pelo esterco das coisas terrenas. O porco dorme com mais gosto no barro do que num belo leito. Cristo levanta-se da felicidade de sua ceia, para levantar a estes da miséria de seu esterco.

"Depôs as suas vestes." Observa que Cristo depôs quatro vezes as suas vestes. Na ceia as depôs e depois as retomou; na coluna foi despido e revestido; durante os escárnios dos soldados foi também despojado e revestido; contudo não se lê que tenha sido despojado por Herodes; na cruz foi despido e não mais revestido.

A primeira deposição refere-se aos apóstolos, que Ele abandonou, mas depois chamou a si após breve tempo. A segunda refere-se àqueles que foram acolhidos na Igreja no dia de Pentecostes e àqueles que foram acolhidos pouco a pouco. A terceira àqueles que serão acolhidos no fim dos tempos. A quarta refere-se à perversa mediocridade do nosso tempo, que jamais será acolhida. A segunda e a quarta espoliação são hoje comemoradas em algumas igrejas quando são desnudados os altares, que depois são aspergidos com água e vinho e açoitados com raminhos como se fossem flagelos. Depor as vestes significa aniquilar a si mesmo; depois de lavar, Jesus as retomou porque, executada a obediência, retornou ao Pai do qual havia partido.

Na *Paixão do Bem-aventurado Sebastião* lê-se que um rei tinha um anel de ouro, ornado com uma pedra preciosa. O anel, que lhe era muito caro, saiu-lhe do dedo e caiu numa cloaca, motivo que lhe causou grande desprazer. Não encontrando ninguém que estivesse em condições de recuperar o anel, depôs as vestes de sua real dignidade, vestido de saco desceu à cloaca, procurou longamente o anel e, finalmente, encontrou-o: tendo-o encontrado, cheio de alegria levou-o consigo para o palácio.

Aquele rei é figura do Filho de Deus; o anel representa o gênero humano; a pedra preciosa engastada no anel é a alma do homem. Este, pela alegria do paraíso terrestre, como que se desprendendo do dedo de Deus, caiu na cloaca do inferno; o Filho de Deus teve grande desprazer com esta perda. Ele procurou entre os anjos e entre os homens alguém que recuperasse o anel, mas não encontrou ninguém, porque ninguém estava em condições de fazê-lo. Então, depôs as suas vestes, aniquilou a si mesmo, vestiu o saco de nossa miséria, procurou o anel por 33 anos, e no fim desceu aos infernos e ali encontrou Adão com toda a sua posteridade: cheio de alegria, tomou a todos consigo e levou-os para a eterna felicidade.

4. "E tomando uma toalha, cingiu-se com ela." De fato, da carne puríssima da Virgem Maria tomou a toalha de nossa humanidade. E com isto concorda aquilo que é dito em Ezequiel: "E o Senhor falou ao homem que estava vestido de roupas de linho dizendo: Vai ao meio das rodas que estão debaixo dos querubins" (Ez 10,2). A roda, que volta ao mesmo ponto do qual partiu, é a natureza humana, à qual foi dito: És pó e ao pó retornarás (cf. Gn 3,19). Diz-se "ao meio" em relação aos dois extremos: isto é, ao princípio e ao fim.

Observa que a natureza humana é caracterizada por três fatos: a impureza da conceição, a miséria da peregrinação, a incineração (destruição) da morte. O homem vestido de linho é Jesus Cristo, que, da Bem-aventurada Virgem recebeu uma veste de linho: Ele não entrou no mundo iniciando por uma concepção impura, porque foi concebido pela Virgem puríssima por obra do Espírito Santo; não teve como fim a incineração humana, porque "não permitirás que teu Santo veja a corrupção" (Sl 15,10); mas veio "ao meio" de nossa peregrinação, pobre, exilado e peregrino, e em todo o mundo teve somente uma morada.

Diz Neemias: "Não havia lugar por onde pudesse passar o cavalo em que eu ia montado" (Ne 2,14). Neemias, que se interpreta "consolação do Senhor", é figura de Cristo, nossa consolação no tempo da desolação. Com efeito, diz Isaías: "Foste fortaleza para o pobre, sustento para o necessitado na sua angústia, refúgio contra a tempestade, sombra no ardor do sol" (Is 25,4). Entre as tribulações das adversidades humanas, no turbilhão da sugestão diabólica, no ardor da luxúria e da vanglória, Ele é a nossa consolação; seu jumento é a humanidade, sobre o qual montava a divindade. Este jumento, sobre o qual colocou o ferido, isto é, o gênero humano, em todo o mundo não teve uma morada, porque "não teve onde reclinar a cabeça" (Mt 8,20; Lc 9,58); teve só a cruz, sobre a qual, "tendo inclinado a cabeça, entregou o espírito" (Jo 19,30).

Portanto, entrou ao meio das rodas que estavam sob os querubins, porque foi considerado pouco inferior aos anjos (cf. Hb 2,7; Sl 8,6), quando tomou a toalha com a qual se cingiu. Naquela carne, de fato, cingiu-se de humildade, porque foi necessário que a humildade fosse tão grande no Redentor quanto foi grande a soberba no traidor.

5. "Depois, derramou água na bacia." Comenta a *Glosa*: Espalhou o sangue por terra para purificar as pegadas dos crentes, sujas pelos pecados terrenos.

Observa que a bacia é um vaso côncavo, sonoro e tem o lábio aberto. Assim era também o coração dos apóstolos, e oxalá fosse assim também o nosso coração: côncavo pela humildade, sonoro de devoção, com o lábio aberto para acusar a si mesmo. Em latim, a bacia é chamada de *pelvis*, porque nela se lavam os pés (*pedes*). No dia de Pentecostes, o Senhor enviou a água da graça para o coração dos apóstolos; e a envia cada dia para o coração dos fiéis, para que seus pés, isto é, seus afetos, sejam purificados de toda impureza. É isso que diz Jó: "Eu lavava meus pés no *leite*" (Jó 29,6): na gordura do leite é indicada a devoção da alma, com a qual Jó, isto é, "aquele que se dói" de seus pecados, purifica os afetos, os pensamentos de sua mente.

"E os enxugou com a toalha com a qual estava cingido", porque todo o sofrimento e a paixão do corpo do Senhor são a nossa purificação. Com esta toalha devemos limpar o suor de nossa fadiga, o sangue de nossa paixão, tomando em cada tribulação nossa o exemplo de sua paciência, para poder gozar com Ele na sua glória. No-lo conceda Ele próprio, que é bendito nos séculos. Amém.

II – Sermão alegórico

6. Assim diz Isaías: "O Senhor, Deus dos exércitos, preparará sobre este monte para todos os povos um banquete de carnes gordas, de vinhos, de carnes gordas e cheios de medula e de vinhos purificados da borra [refinados]" (Is 25,6). E Mateus da mesma reunião diz: "Enquanto eles comiam, Jesus tomou o pão e, depois de benzê-lo, partiu-o e deu-o aos seus discípulos e disse: Este é o meu corpo. E tomando o cálice, deu graças e o deu a eles dizendo: Bebei dele todos: Este é o meu sangue (subentendido: *para a confirmação*) da nova aliança" (Mt 26,26-28).

Veja que Cristo realizou hoje quatro ações: lavou os pés dos apóstolos, deu-lhes o seu corpo e o seu sangue, fez um longo e precioso discurso, rezou ao Pai por eles e por todos aqueles que teriam crido nele. Este foi o suntuoso banquete.

Ele é exatamente o "Senhor dos exércitos", isto é, dos anjos, dos quais naquela noite disse a Pedro: "Pensas que não posso pedir a meu Pai e Ele me enviaria, neste instante, mais de doze legiões de anjos?" (Mt 26,53). Como se dissesse: Não necessito da ajuda de doze apóstolos, eu que posso ter doze legiões de anjos, quer dizer, setenta e dois mil anjos.

"Sobre este monte", isto é, em Jerusalém, naquele cenáculo espaçoso e bem mobiliado (cf. Mc 14,15), no qual os apóstolos receberam também o Espírito Santo no dia de Pentecostes, "Ele fez hoje para todos os povos" que criam nele "um banquete de carnes gordas". O banquete deste dia é verdadeiramente um banquete de carnes gordas, porque ali era servido o vitelo gordo que o Pai sacrificou para a reconciliação do gênero humano. De fato, lemos em Lucas: "Trazei um bezerro bem gordo e matai-o. Vamos comer e nos alegrar porque este meu filho estava morto e voltou à vida, estava perdido e foi encontrado. E começaram todos a banquetear-se" (Lc 15,23-24). Comenta a Glosa: Pregai o nascimento de Cristo, inculcai a lembrança de sua morte, a fim de que o homem creia no seu coração, imitando aquele que foi morto, e com a boca receba o sacramento da paixão para a própria purificação.

É isso que faz hoje a Igreja universal, para a qual Cristo preparou sobre o Monte Sião um banquete esplêndido e suntuoso, de uma riqueza dupla, interior e exterior, e abundante; deu seu verdadeiro corpo, rico de todo o poder espiritual, engordado com a caridade interna e externa, e mandou que fosse dado também a todos aqueles que haveriam de crer nele. Por isso, deve-se crer firmemente e confessar com a boca que aquele corpo que a Virgem deu à luz, que foi pregado à cruz, que jazeu no sepulcro, que ressuscitou ao terceiro dia, que subiu à direita do Pai, hoje Ele realmente o deu aos apóstolos, e a Igreja cada dia o "confecciona" e o distribui a seus fiéis. Realmente, ao som das palavras "Este é o meu corpo", o pão se transforma, *transubstancia-se*, torna-se o corpo de Cristo, que confere a unção de uma dupla riqueza àquele que o recebe dignamente, porque atenua as tentações e suscita a devoção. Por isso é dito: Terra donde escorrem leite e mel (cf. Dt 31,20), porque adoça as amarguras e incrementa a devoção.

Infeliz daquele que ousa entrar para este banquete sem a veste nupcial (cf. Mt 22,11) da caridade, ou da penitência, porque quem se alimentar dele indignamente come a sua condenação (cf. 1Cor 11,29). Que relação pode haver entre a luz e as trevas? (cf. 2Cor 6,14-15), entre o traidor Judas e o Salvador? "A mão daquele que me trairá está comigo à mesa" (Lc 22,21). Está escrito no Êxodo: "Todo animal [portanto, também o homem que se tornou semelhante ao animal] que tocar o monte [isto é, o corpo de Cristo] será apedrejado" (Hb 12,20), isto é, será condenado (cf. Ex 19,12-13).

7. "Um banquete de vinhos sem borra", isto é, purificados de toda impureza e refinados. Diz também Moisés no seu cântico: "E bebam o mais puro sangue da uva" (Dt 32,14). A uva é a humanidade de Cristo que, espremida no lagar da cruz, espalhou por toda a parte o sangue que hoje deu de beber aos apóstolos: Este é o meu sangue, que por vós e por muitos será derramado em remissão dos pecados (cf. Mt 26,28). Foi, pois, necessário que aquele sangue fosse como um vinho refinado e puríssimo, para ser derramado em remissão de muitos pecados!

Ó caridade do Dileto! Ó amor do esposo por sua esposa, a Igreja! O sangue que no dia seguinte deveria derramar por ela, por mão dos infiéis, ofereceu-o hoje Ele próprio com suas mãos santíssimas. E por isso ela exclama no Cântico dos Cânticos: "O meu amado é para mim como um ramalhete de mirra, colocado sobre meus seios. O meu amado é como um cacho de uvas, [colhido] nas vinhas de Engadi" (Ct 1,12-13).

Entra a esposa, a Igreja, ou seja, a alma, no auge dos sofrimentos e das dores de seu esposo, e recolhe piamente e une e amarra com os laços do amor ora os insultos, ora os tapas e as cusparadas, aqui os escárnios e os flagelos, cá e lá a cruz, os pregos e a lança; de tudo faz para si um ramalhete de mirra, um ramalhete de dores e de amarguras, e o coloca entre os seus seios, onde está o coração, onde está o amor. O Dileto que amanhã será para sua esposa o ramalhete de mirra, é hoje para ela o cacho de uvas. "Meu cálice que inebria", o cacho de uvas, "quanto é excelente!" (Sl 22,5): eis a uva escolhidíssima e seu puríssimo sangue.

E onde se encontra? E de onde se tira? "Das vinhas de Engadi", que se interpreta "fonte do cabrito", animal que expele um mau odor. As vinhas de Engadi representam as feridas do nosso Dileto, nas quais está a fonte viva, a água que lava qualquer imundície e elimina qualquer mau odor. Nesta fonte o ladrão lavou seus delitos quando confessou e implorou: "Lembra-te de mim quando estiveres no teu reino" (Lc 23,42). Dessa fonte diz Zacarias: "Naquele dia [isto é, amanhã] haverá para a casa de Davi e para os habitantes de Jerusalém uma fonte aberta para se lavarem as manchas do pecador e da mulher impura" (Zc 13,1). Eis a fonte aberta e é oferecida a todos. Vinde, pois, e tirai, e lavai as manchas escondidas e as manifestas, indicadas exatamente no ciclo mensal.

8. Eis que agora o nosso Dileto, o cacho de uvas, o ramalhete de mirra, celebrado aquele rico e refinado banquete, depois de ter cantado o hino, sai com seus discípulos para o Monte das Oliveiras (cf. Mt 26,38-39); passa sem dormir toda esta noite, preocupado em realizar a obra de nossa salvação; afasta-se dos apóstolos, começa a ficar triste até a morte, dobra os joelhos diante do Pai, pede que, se for possível, passe dele esta hora, mas submete sua vontade à vontade do Pai; tomado pela agonia, emana suor de sangue.

Depois disso tudo, é traído por um discípulo com um beijo, é amarrado e levado como um malfeitor; seu rosto é velado, depois coberto de cusparadas, sua barba é arrancada; é batido na cabeça com a cana e esbofeteado; é flagelado na coluna, coroado de espinhos, condenado à morte; é-lhe posto sobre os ombros o madeiro da cruz, dirige-se ao Calvário, é despojado das vestes, é crucificado nu entre os ladrões, é dessedentado com fel e vinagre, é insultado e blasfemado pelos passantes. Numa palavra: A vida morre pelos mortos.

Ó olhos de nosso Dileto fechados na morte! Ó rosto, no qual os anjos desejam fixar o olhar (cf. 1Pd 1,12), inclinado e exangue! Ó lábios, favo de mel que destila palavras de vida eterna, tornados lívidos! Ó cabeça, tremenda aos anjos, que pende reclinada! Aquelas mãos, ao cujo toque desapareceu a lepra, foi restituída a vista perdida, fugiu o demônio, multiplicou-se o pão: aquelas mãos, ai de mim!, estão transpassadas pelos pregos, estão banhadas de sangue! (cf. relato da paixão dos quatro evangelistas).

Caríssimos irmãos, recolhamos todos esses sofrimentos e façamos deles um ramalhete de mirra e ponhamo-lo em nosso peito, isto é, levemo-lo no coração, sobretudo nesta noite e amanhã, para poder ressurgir com ele no terceiro dia. No-lo conceda Aquele que é bendito nos séculos. Amém.

III – Sermão anagógico (místico)

9. "O Senhor dos exércitos" etc. Vejamos o significado místico destas cinco coisas: o monte, o banquete, a gordura, a medula e a uva escolhida.

O monte é a pátria celeste, da qual diz Isaías: "Vós entoareis um cântico, como na noite da santa solenidade; e a alegria do vosso coração será como a do que vai caminhando ao som da flauta para dirigir-se ao monte do Senhor, do forte de Israel" (Is 30,29). Presta atenção a três coisas: o cântico, a alegria e a flauta. O cântico é o louvor feito com a voz; louvor que, como diz Cassiodoro, será proclamado na pátria: "Pelos séculos dos séculos te louvarão" (Sl 83,5). Na alegria é indicado o júbilo do coração, na flauta, a melodia concorde da carne e do espírito, que temos em grau perfeito na ressurreição final: com ela subiremos jubilando e cantando ao monte da pátria celeste, ao Forte, que é Jesus Cristo, que, da mão do poderoso libertou Israel, isto é, seus fiéis, para os quais neste monte celeste preparou um banquete.

E diz no Evangelho de Lucas: “Eu preparo para vós um reino, como meu Pai o preparou para mim, para que comais e bebais à minha mesa no Reino dos Céus” (Lc 22,29-30). A mesa preparada para todos os santos para que gozem dela é a glória da vida celeste na qual haverá três banquetes: da suntuosidade (*pinguedo*), da delicadeza (*medullae*) e do requinte (*uvae defecatae*). Nesses três banquetes é indicada a tríplice alegria dos bem-aventurados.

Na suntuosidade do banquete é indicada a alegria da qual os santos fruirão na visão de toda a Trindade; na sua delicadeza, aquela que terão pela própria felicidade e pelo esplendor interior da consciência. Por estas duas rezava Davi, dizendo: “Como de *banha* e de *gordura* seja saciada a minha alma”, isto é, daquela dupla alegria, “e então, com lábios de júbilo te louvará a minha boca” (Sl 62,6). No vinho purificado da borra é representada a alegria de toda a Igreja triunfante, que, então, será verdadeiramente purificada, porque este corpo mortal será revestido de imortalidade e este corpo corruptível será revestido de incorruptibilidade (cf. 1Cor 15,53). Digne-se concedê-la Aquele que é bendito nos séculos. Amém.

A Páscoa do Senhor

Temas do sermão

- Evangelho da Páscoa: "Maria Madalena"; este evangelho divide-se em quatro partes.
- Primeiramente sermão ao pregador: como de todas as espécies de virtudes deve confeccionar um extrato (um tônico) para a alma: "O farmacêutico fará as misturas".
- Parte I: Sermão sobre a humildade: "Maria Madalena".
- Sermão sobre o desprezo do mundo e como se deve receber o corpo de Cristo: "Lançai fora o velho fermento".
- Sermão sobre a paz: "De três coisas agradou-se o meu espírito"; natureza das abelhas.
- Sermão aos religiosos: "Toma os aromas".
- Sermão moral sobre a tranquilidade do coração: "De manhã cedo".
- Parte II: Sermão para aqueles que querem entrar numa ordem religiosa: "Quem nos tirará a pedra?"
- Parte III: Sermão aos contemplativos: "E entrando no sepulcro".
- Parte IV: Sermão sobre as dez aparições do Senhor e sobre seu significado: "Vós procurais a Jesus".
- Sermão sobre a ressurreição final e sobre as quatro prerrogativas do corpo glorificado, que são indicadas nos quatro rios do paraíso terrestre: "A luz da lua será como a luz do sol".
- Sermão ao pregador, ou ao prelado da Igreja: "Toma a vara".
- Sermão aos penitentes: "Onze telas de lã de cabra"; e "Deus onipotente apareceu-me em Lusa".
- Sermão sobre a misericórdia para com os pobres: "O Senhor apareceu a Moisés numa chama de fogo".

Exórdio – Sermão ao pregador

1. Naquele tempo, "Maria Madalena, Maria, mãe de Tiago e Salomé compraram os aromas para irem embalsamar Jesus" etc. (Mc 16,1).

Diz o Eclesiástico: "O farmacêutico faz pigmentos agradáveis e prepara unguentos saudáveis" (Eclo 38,7). São chamados pigmentos – poder-se-ia chamá-los *pilimentos* – porque são trabalhados no pilão (almofariz) com o *pilum* (socador). Os pigmentos são as espécies das quais a alma penitente diz: "Como mirra escolhida exalei suave perfume: como estoraque, gálbano, ônix e *gota* [essência viscosa]" (Eclo 24,20-21). Estas essências, como diz a *Glosa*, para os médicos são pigmentos preciosos, e representam as várias virtudes que os verdadeiros médicos, isto é, os médicos do espírito, usam para curar os homens. Na mirra é indicada a penitência; mas não existe verdadeira penitência se a ela não são misturadas estas quatro essências: o estoraque, o gálbano, o ônix e a gota.

O estoraque é uma essência de perfume agradabilíssimo; sai de uma planta que o emana como um líquido meloso; o gálbano é uma *especiaria* (resina) que, com seu odor, afugenta as serpentes; o ônix, nomeado também no Êxodo (cf. 35,27), é uma pedra preciosa chamada assim com a palavra grega *onyx*, em latim *ungula*, unha, porque assemelha-se à unha do homem; a gota é uma essência que cura qualquer endurecimento e atenua os inchaços.

Eis, pois, que no estoraque é indicada a compunção das lágrimas, que mandam perfume para a presença de Deus, e à alma penitente são mais doces do que o mel e do que o favo de mel (cf. Sl 18,11); no gálbano é indicada a confissão que põe em fuga as serpentes, isto é, os demônios; na *gota* é indicada a humildade em realizar a obra de penitência, que cura a dureza da mente e reprime a impudência do corpo. Mas já que não é chamado bem-aventurado quem começa, mas quem persevera até o fim (cf. Mt 10,22; 24,13), a estas três essências devem-se acrescentar o ônix, a unha, que é a parte extrema do corpo e, portanto, representa a perseverança final. O farmacêutico, pois, isto é, o pregador, deve amassar estas especiarias no pilão, ou seja, no coração do pecador, deve agir com o socador da pregação e misturar o bálsamo bruto da misericórdia divina, para que tenha um gosto mais agradável à alma do penitente.

"E prepara unguentos saudáveis." A unção (o unguento), que instruir o homem sobre todas as coisas que lhe são necessárias, é composta de dois elementos: o vinho e o óleo; o vinho que flui da verdadeira videira, prensada no lagar da cruz; o óleo com o qual foi ungida a Igreja primitiva no dia de Pentecostes: isto é, o sangue de Cristo e a graça do Espírito Santo. O farmacêutico deve fazer os unguentos com estas duas substâncias para poder ungir, junto com as três mulheres, os membros de Cristo, isto é, os fiéis da Igreja. Com efeito, lemos no evangelho de hoje: "Maria Madalena, Maria, mãe de Tiago e Salomé compraram os aromas para ungir o corpo de Jesus".

2. Observa que neste evangelho são postos em evidência quatro fatos. Primeiro, a devoção das piedosas mulheres e a compra dos aromas, quando se diz: Maria Madalena etc. compraram os aromas; segundo, a remoção da pedra, quando acrescenta: E diziam entre si: Quem nos rolará a pedra?; terceiro, a visão dos anjos, onde diz: Entradas no sepulcro, viram etc.; quarto, a ressurreição de Cristo: "Ele lhes disse: Não vos espanteis!..."

I – A devoção das piedosas mulheres e a compra dos aromas

3. "Maria Madalena, Maria, mãe de Tiago e Salomé compraram os aromas." Nestas três mulheres são indicadas três virtudes de nossa alma, isto é, a humildade da mente, o desprezo do mundo, a jucundidade da paz.

Na Madalena, assim chamada pela aldeia de Magdala, que se interpreta "torre", é indicada a humildade da mente; em Maria, mãe de Tiago, que se interpreta "suplantadora", mãe de Tiago Menor (cf. Mc 15,40), é indicado o desprezo do mundo; em Salomé, que quer dizer "pacífica", mãe de Tiago e de João o Evangelista, é representada a jucundidade da paz. Estas três mulheres são chamadas com um só nome: Maria, que se interpreta "iluminação", porque as três virtudes que representam iluminam a mente na qual moram. Digamos algo de cada uma delas.

Maria Madalena é a humildade da mente, que, enquanto considera a si mesma um nada, lança-se para o alto como uma torre. Por isso, diz Tiago: "O irmão humilde glorie-se de sua exaltação" (Tg 1,9), porque de onde vier a humilhação, dali vem também a exaltação. Desta torre diz-se no Gênesis que Jacó "levantou a sua tenda além da torre do rebanho" (Gn 35,21). Na torre é indicada a humildade, no rebanho a verdadeira simplicidade. Jacó, isto é, o justo, fixa a tenda de sua vida, tenda na qual milita – já que a vida do justo sobre a terra é uma guerra (cf. Jó 7,1) –, além da torre do rebanho, porque se mantém constantemente na humildade, que é a mãe da verdadeira simplicidade. E observa o que se diz "além da torre" e não na torre, porque, enquanto vive cá embaixo, o justo tem de si mesmo um conceito muito mais modesto do que é na realidade.

Da Madalena diz João: "Maria conservava-se na parte de fora do sepulcro, chorando. Enquanto chorava, inclinou-se e olhou para dentro do sepulcro, e viu dois anjos vestidos de branco sentados no lugar onde fora posto o corpo de Jesus, um à cabeceira e outro aos pés" (Jo 20,11-12).

Presta atenção a cada palavra. O sepulcro, em latim chamado *monumentum*, monumento, porque admoesta a mente a recordar-se do falecido, está a significar o pensamento de nossa morte, o pensamento de nossa sepultura: e estes pensamentos nos exortam a doer-nos na nossa mente e a persistir nas obras de penitência.

"Maria conservava-se na parte de fora do sepulcro", porque o humilde é assíduo no pensamento de sua morte, para que, quando ela vier, o encontre vigilante (cf. Lc 12,37). E como se conservava no sepulcro? Fora, chorando. Fora, não dentro.

Fora não mais existe senão "pranto e grande lamento". Raquel – nome que significa "ovelha" – isto é, a alma simples do penitente, "chora seus filhos", isto é, suas obras que, por causa do pecado, estavam mortas, "e não quer ser consolada porque já não existem" (Mt 2,18), assim vive como o eram antes de serem mortas pelo pecado. Ai de mim!, quão fácil é a descida, e quão difícil, porém, é a subida! Em pouco tempo destrói-se aquilo que se construiu em longo tempo (Catão).

"Enquanto continuava a chorar, inclinou-se e olhou para dentro do sepulcro." Eis a verdadeira humildade do penitente. Presta atenção a estas três palavras: chorava, inclinou-se, olhou. Chorava, eis a contrição; inclinou-se, eis a confissão; olhou, eis a satisfação (a obra penitencial), para a qual se empenha seriamente, quando volve o olhar para o momento, isto é, quando pensa na sua morte.

"E viu dois anjos." Estes dois anjos – anjo significa "mensageiro" – representam em sentido moral o nosso miserável ingresso na vida e a nossa amarga partida. Nós, que somos o corpo de Cristo, procuramos ter estes dois anjos, um à cabeceira e um aos pés de nossa vida, enquanto meditamos sobre a nossa miserável entrada e saída dela. Justamente são chamados anjos, porque nos anunciam a caducidade do nosso corpo e a inutilidade deste mundo.

Estes são os dois anjos que, como se diz no Gênesis, "fizeram Lot sair de Sodoma e lhe disseram: Salva a tua vida; não te voltes para trás e não te detenhas em nenhum lugar ao redor. Salva-te sobre o monte para não perecer com todos os outros" (Gn 19,17). Quem meditar atentamente sobre sua entrada e sobre sua saída desta vida, sairia logo de Sodoma, isto é, do fedor do mundo e do pecado e salvaria sua alma; não se voltaria para trás, isto é, não retornaria aos pecados passados; e não pararia em lugar algum ao redor: detém-se ao redor aquele que depois de ter abandonado o pecado não cuida de fugir também das ocasiões e das fantasias do pecado; mas salvar-se-ia sobre o monte, isto é, numa vida perfeita. Eis, pois, que justamente na Madalena é indicada a humildade.

4. Felizmente, a Madalena é acompanhada por Maria, mãe de Tiago, cujo nome se interpreta "suplantadora". Ela representa o desprezo do mundo, pelo qual alguém pisa sob os pés, como barro, todas as coisas transitórias e lança fora o fermento da [má] conduta precedente. De fato, na epístola de hoje, o Apóstolo diz: "Purificai-vos do velho

fermento, para que sejais uma nova massa, assim como sois *ázimos* [puros]. Porquanto Cristo, nossa Páscoa, foi imolado" (1Cor 5,7).

Fermento, em latim *fermentum*, deriva de *fervor*, ou fervura. Depois da primeira hora não é mais possível freá-lo, porque crescendo transborda e ultrapassa qualquer medida; em grego se chama *zyma* (do qual vem *ázimo*, sem fermento e, portanto, *puro*). Na "sequência" composta por Adão de São Vítor, diz-se: "Seja expurgado o velho fermento, a fim de que seja anunciada com coração sincero a nova ressurreição". O fermento, ou levedura, representa a cobiça das coisas terrenas e a concupiscência dos desejos carnais que, quando começam a ferver, excedem toda a medida; de fato, o avarento jamais se sacia de dinheiro, nem o luxurioso nunca é pago com o prazer dos sentidos.

De fato, diz Isaías: "Os ímpios, isto é, os avarentos e os luxuriosos, são como um mar agitado, que não pode se acalmar, e cujas ondas se elevam para produzir lodo e barro. Não há paz para os ímpios, diz o Senhor Deus" (Is 57,20-21). As ondas do mar fervente e tempestuoso representam os desejos do homem perverso, que aviltam sua alma e miseramente a reduzem a lodo e barro, no qual os porcos, isto é, os demônios, prazerosamente se instalam. Lançai fora, pois, o velho fermento! Por isso, no Êxodo, o Senhor ordena: "Durante sete dias não se achará fermento em vossas casas; e todo aquele que comer algo fermentado fará perecer sua alma da terra de Israel" (Ex 12,19). Durante sete dias, isto é, por todo o tempo de nossa vida, que se passa como que no espaço de sete dias, não se encontre em vossas casas, isto é, nos vossos corações, nada de fermentado, ou seja, ardente de mundana e carnal concupiscência. Diversamente, a alma daquele que o tiver comido perecerá da terra de Israel, isto é, da vida eterna, na qual veremos Deus face a face (cf. 1Cor 13,12). "Lançai fora, pois, o velho fermento, para serdes massa nova, porque sois puros."

Lemos no Êxodo: "O povo tomou, pois, a farinha amassada, antes que se levedasse; e, envolvendo-a nas capas, o povo a pôs aos ombros" (Ex 12,34). E pouco depois: "Cozeram a farinha que tinham levado do Egito já amassada; fizeram dela pães ázimos, cozidos sob a cinza" (Ex 12,39). Nessa citação há três coisas a serem notadas: a contrição, a confissão e a satisfação. A farinha, chamada assim de *farro* (trigo), que é o alimento dos enfermos, representa a penitência, que é o alimento dos pecadores: devemos amassá-la com a água da contrição e envolvê-la nas capas, isto é, na nossa consciência, com o vínculo da confissão e levá-la sobre os nossos ombros com as obras penitenciais da satisfação. Essa farinha, para que não fermente, devemos cozinhá-la com o fogo, isto é, com o amor do Espírito Santo e fazer dela como que pães cozidos sob a cinza, viático de nossa condição mortal, pães ázimos da sinceridade e da verdade (cf. 1Cor 5,8), vivendo na sinceridade em relação a nós, e na verdade em relação a Deus e ao próximo.

5. "Cristo nossa Páscoa foi imolado." Segundo Agostinho, páscoa não deriva seu nome de "paixão", mas de "passagem", porque naquele dia *passou* através do Egito o anjo exterminador, figura do Senhor que veio libertar o seu povo. Com o mesmo nome (páscoa) indicavam o Cordeiro, que neste dia teria *passado* deste mundo para o Pai. E observa que *páscoa* é chamado o cordeiro e também a hora da tarde na qual o cordeiro foi morto, isto é, a décima quarta lua do mês; e se diz também "dias dos ázimos", que iam da décima quinta lua ao vigésimo primeiro dia do mesmo mês. Mas os evangelistas trocam indiferentemente dias dos ázimos por páscoa, e páscoa por dias dos ázimos. De fato, Lucas escreve: "Aproximava-se a festa dos ázimos, chamada Páscoa" (Lc 22,1). "Cristo, nossa Páscoa, pois, foi imolado." Por isso, nesta solenidade pascal, comemos este Cordeiro "queimado" por nós sobre a cruz, imolado ao Pai para a reconciliação do gênero humano; comemo-lo com as ervas selvagens, como foi ordenado aos filhos de Israel, quer dizer, com a dor e a contrição do coração.

Disse o Senhor: "Cingireis os vossos rins, tereis as sandálias nos pés, os bastões na mão, e comereis com pressa; porque é a Páscoa, isto é, a passagem do Senhor" (Ex 12,11). Presta atenção a estas três palavras: os rins, as sandálias, o bastão.

Os rins, em latim *renes*; os rins são assim chamados porque deles nascem como que riachos (latim: *rivi*) de líquido repugnante. De fato, as veias e as vísceras segregam nos rins um humor leve que, libertado depois pelos próprios rins, desce excitando os sentidos. A secreção dos rins é quente, e os rins são circundados de muita gordura: com justiça, pois, diz o Senhor: Cingireis os vossos rins (os *rins*, os flancos), isto é, reprimireis com a mortificação da carne o ardor da luxúria.

As sandálias representam os exemplos dos santos, com os quais devemos proteger os pés, isto é, os afetos da mente, para estarmos em condições de caminhar com toda a segurança sobre as serpentes, isto é, as sugestões do diabo, e sobre os escorpiões, quer dizer, sobre as falsas promessas do mundo.

O bastão nas mãos representa as palavras da pregação traduzidas na prática das obras.

Portanto, quem quiser receber dignamente o corpo do Senhor, cinja os flancos com o cinto da castidade, fortifique os afetos da mente com os exemplos dos santos e traduza as palavras em obras: assim, com os verdadeiros israelitas, celebre a verdadeira páscoa, para passar deste mundo para o Pai (cf. Jo 13,1). Dessa passagem disse o filósofo: O mundo é como uma ponte: passa-se por cima sem parar. E um outro: o mundo é uma ponte insegura, o seu ingresso é o seio da mãe e sua saída será a morte. Ótima coisa é, pois, edificar a torre da humildade com Maria Madalena, e suplantar, isto é, desprezar o mundo, junto com Maria, mãe de Tiago.

6. A estas duas Marias acrescenta-se a terceira, isto é, Salomé, que é "a abundância da paz". Dela diz Salomão: "De três coisas se compraz o meu espírito, pois têm a aprovação de Deus e dos homens: a concórdia entre os irmãos, o amor dos próximos e o marido e a mulher que se dão bem entre si" (Eclo 25,1-2). Dessa tríplice paz nasce o júbilo de Deus e de seus anjos, e a alegria para os homens. "Ó quão bom [diz o profeta] e quão suave é viverem os irmãos em união" (Sl 132,1).

Portanto, "Maria Madalena, Maria, mãe de Tiago e Salomé compraram os aromas para irem embalsamar o corpo de Jesus". Escreve Lucas: "As mulheres que tinham ido da Galileia com Jesus observaram atentamente o sepulcro e de que modo o corpo de Jesus fora nele depositado. Voltando, prepararam os aromas e os bálsamos. No sábado, observaram o repouso, segundo a lei" (Lc 23,55-56).

Comentando Mateus (Mt 28,1), a *Glosa* diz: Era ordenado que o silêncio do sábado fosse observado de véspera a véspera; portanto, sepultado o Senhor, enquanto ainda era permitido o trabalho – isto é, no dia da parasceve [sexta-feira] até o pôr do sol – as piedosas mulheres ocuparam-se na preparação dos vários unguentos. E já que, pelo pouco tempo à disposição, não conseguiram completar os preparativos, passado o sábado, isto é, ao pôr do sol, quando de novo era permitido o trabalho, logo apressaram-se a comprar os aromas para, na manhã seguinte, estarem prontas a ir embalsamar o corpo de Jesus. Essas piedosas mulheres apressavam-se: empenhavam-se em preparar os unguentos como se esforçam as abelhas em produzir o mel e a cera.

Diz a *História natural* que as várias atividades das abelhas são bem distintas entre elas, já que algumas produzem a cera e outras o mel; algumas trazem água, outras recolhem o mel e outras ainda o prensam; algumas saem para o trabalho ao raiar do dia e outras repousam até que *uma* as acorda. Então, todas juntas voam para fora a trabalhar. Nesta abelha que desperta as outras que estão dormindo, eu vejo representada a Bem-aventurada Madalena, que, por arder em grande amor, solicitava vivamente que as outras preparassem os unguentos. A Virgem Maria, porém, depois que seu filho Jesus foi deposto no sepulcro, nunca se afastou, como afirmam alguns, mas permaneceu sempre ali a vigiar em lágrimas, até que por primeiro o viu ressurgir: por isso os fiéis festejam o dia de sábado em sua honra.

7. A seu exemplo, as almas fiéis, iluminadas pelo esplendor da humildade, da pobreza e da paz, comprem, com o dinheiro da boa vontade, marcado com a imagem do imperador (cf. Mt 22,19-21), os aromas dos quais diz Moisés: "Toma aromas: mirra escolhida e virgem, cinamomo, cana odorífera, cássia e azeite de oliveira; farás com isso um óleo santo para as unções, e um bálsamo composto

segundo a arte de um perfumador. Ungirás com ele o tabernáculo do testemunho, a arca do testamento, a mesa com os seus vasos, o candelabro e os seus acessórios, o altar dos perfumes e o altar dos holocaustos" (Ex 30,23-28). Na mirra virgem e escolhida é indicada a devoção da mente, para a qual devemos tender mais do que para tudo o mais; no cinamomo, que é de cor cinza, é indicado o pensamento da morte; na cana odorífera, a melodia da confissão; na cássia, que tem seu *habitat* em lugares úmidos e cresce muito alta, é indicada a fé, que se nutre nas águas do batismo e se lança para o alto por meio do amor; no óleo de oliveira é indicada a misericórdia do coração. Com estes cinco elementos devemos preparar o unguento sagrado que nos santifica, confeccionado com a arte do perfumador, isto é, do Espírito Santo.

Com este unguento devem ser ungidas estas cinco coisas: a tenda do testemunho, isto é, os pobres de Cristo, os quais, marcados com o caráter de sua pobreza, enquanto estiverem neste mundo, estão como que no exílio, distantes do Senhor; a arca da aliança, isto é, aqueles que carregam a arca da obediência sobre o carro novo, quer dizer, num coração e num corpo renovados pela penitência; a mesa com os seus vasos, isto é, aqueles que apresentam a todos os doze pães, que é a doutrina dos doze apóstolos, com um pouco de incenso, que é a humildade e a devoção da mente, e a patena de ouro, quer dizer, a luz do amor fraterno; o candelabro e seus acessórios, isto é, todos os santos prelados da Igreja, que não escondem o candelabro de sua dignidade sob o alqueire, ou seja, sob o lucro material, mas o põem sobre o monte de uma vida verdadeiramente santa, para que ilumine e mostre o caminho a todos aqueles que estão em casa (cf. Mt 5,15), isto é, na Igreja; e isso valha não só para o candelabro, mas também para seus acessórios, quer dizer, para todos aqueles que têm dignidades menores; e finalmente os dois altares do holocausto e do incenso. No altar do holocausto são indicados os ativos, aqueles que se dedicam totalmente às necessidades do próximo; enquanto no altar do incenso são indicados os contemplativos, que experimentam a suavidade das doçuras celestes.

Portanto, com este unguento, confeccionado por obra do Espírito Santo, devem ser ungidos todos aqueles que temos nomeado, que são os membros de Jesus Cristo, crucificados sobre a cruz da penitência, mortos para o mundo, distantes da agitação dos homens, porque fechados no sepulcro da frequentação das coisas celestes.

8. "Maria Madalena, Maria, mãe de Tiago e Salomé compraram os aromas para irem embalsamar o corpo de Jesus. E de manhã cedo, no primeiro dia após o sábado, chegaram ao sepulcro quando o sol já havia nascido" (Mc 16,1-2).

Mateus escreve assim: "Passado o sábado, ao amanhecer do primeiro dia da semana, Maria Madalena e a outra Maria foram visitar o sepulcro" (Mt 28,1). E Lucas: "No primeiro dia da semana, foram muito cedo ao sepulcro, levando os aromas que tinham preparado" (Lc 24,1). E João: "No primeiro dia da semana, Maria Madalena foi ao sepulcro, de manhã, quando ainda era escuro" (Jo 20,1).

Portanto, Marcos diz: "de manhã cedo", e disso não se afasta de Lucas e de João. Mateus, porém, falando da primeira parte da noite, isto é, da tarde, quer indicar a noite, no fim da qual [quer dizer, de manhã] dirigiram-se ao sepulcro. Deves, pois, entender suas palavras deste modo: Foram ao sepulcro à tarde, isto é, na noite que começa quando termina a luz, pois o crepúsculo não é a primeira, mas a última parte da noite. Portanto, na tarde do sábado, isto é, no início da noite depois do sábado; certamente começaram a encaminhar-se à tarde, para preparar os aromas, mas chegaram nos primeiros albores do dia: aquilo que Mateus, por causa da brevidade, diz de modo pouco claro, os outros, porém, dizem-no explicitamente.

E eis o sentido moral. "De manhã cedo, no primeiro dia depois do sábado." De amanhã, isto é, nos inícios da graça, sem a qual na alma existe a noite. Diz o profeta: "De manhã estarei na tua presença" (Sl 5,5), direito e ereto, como direito e ereto tu me fizeste. No primeiro dia depois do sábado, as almas santas vão ao sepulcro, porque se o ânimo não desiste de preocupar-se com as coisas temporais, não se aproxima de Deus. Diz o Senhor por boca de Jeremias: "Cuidai das vossas almas, e não queirais transportar cargas no dia de sábado, nem as introduzais pelas portas de Jerusalém" (Jr 17,21). Sábado interpreta-se "repouso"; Jerusalém é a alma e as portas são os cinco sentidos do corpo. Portanto, carregam cargas no dia de sábado e as introduzem pelas portas de Jerusalém aqueles que, implicados nos afazeres das coisas temporais, através das portas dos cinco sentido introduzem na alma a carga dos pecados, a bagagem das preocupações deste mundo e, portanto, não protegem a alma do pecado. As almas fiéis, porém, evitado qualquer zumbido das moscas do Egito (cf. Is 7,18), "no primeiro dia depois do sábado dirigem-se ao sepulcro".

II – A remoção da pedra à porta do sepulcro

9. "E diziam entre si: Quem nos há de revolver a pedra da porta do sepulcro? Mas, olhando, viram revolvida a pedra, que era muito grande!" (Mc 16,3-4).

Sentido alegórico. A remoção da pedra recorda-nos a revelação dos sagrados mistérios de Cristo, que estavam cobertos pelo véu da letra da lei. De fato, a lei estava escrita na pedra e, removida a sua cobertura, foi manifestada a glória da ressurreição, e começou a ser proclamada em todo o mundo a abolição da morte antiga e a vida sem fim, na qual nos fora concedido esperar.

Sentido moral. A pedra é removida quando, por meio da graça, é tirado o peso do pecado. Quando isso acontecer, e como deva comportar-se o homem para que isso se realize nele, é dito no Gênesis: Era costume que, quando todas as ovelhas estavam reunidas, seria removida a pedra da boca do poço (cf. Gn 29,3). Portanto, se queres que seja removida a pedra do pecado, que te impede de reerguer-te, reúne ao redor de Cristo as ovelhas, quer dizer, os bons pensamentos. E continua o Gênesis: "E eis que Raquel chegava com as ovelhas de seu pai, porque ela pastoreava o rebanho" (Gn 29,9). Raquel, que se interpreta "ovelha", pastoreia as ovelhas, porque o homem simples nutre pensamentos honestos.

Assim também, em sentido moral, vai ao sepulcro aquele que se propõe fazer penitência em algum mosteiro ou numa ordem religiosa. Mas considerando a grandeza e o peso da pedra, quer dizer, as dificuldades da vida religiosa, diz consigo: Quem me removerá a pedra da porta do sepulcro? Grande e pesada é a pedra, difícil é o ingresso, difíceis as longas vigílias, os frequentes jejuns, a escassez do alimento, a rudeza da veste, a severa disciplina, a pobreza voluntária, a obediência pronta: E quem me removerá esta pedra da porta do sepulcro?

Ó mentes efeminadas, aproximai-vos e olhai, não sejais desconfiados, e vereis que a pedra já está removida. "Um anjo – diz Mateus – desceu do céu e removeu a pedra e sentou-se sobre ela" (Mt 28,2). O anjo é a graça do Espírito Santo que remove a pedra da porta do sepulcro, sustenta a nossa fragilidade, mitiga toda aspereza e adoça com o bálsamo de seu amor qualquer amargura. O cavalo, diz o profeta – isto é, a boa vontade –, é preparado para a batalha, mas é o Senhor quem dá a salvação (cf. Pr 21,31). "Nada é difícil para quem ama" (Bernardo).

III – A visão do anjo

10. "Entrando no sepulcro, viram um jovem sentado do lado direito, vestido de uma túnica branca, e ficaram muito assustadas" (Mc 16,5).

Sentido moral. O sepulcro representa a vida contemplativa na qual o homem, morto para o mundo, sepulta-se no escondimento. Diz Jó: "Entrarás com abundância no sepulcro, como se recolhe um monte de trigo a seu tempo" (Jó 5,26). Soprada a palha das coisas temporais, saindo do mundo, na abundância da graça divina, o justo entra no sepulcro da vida contemplativa, na qual é posto de lado como um monte de trigo, já que sua alma se recolhe com celeste doçura na contemplação. Ele, entrando no sepulcro, vê um jovem sentado do lado direito, coberto com uma veste cândida.

O "jovem", assim chamado porque pronto a "servir" (ajudar), é o Filho de Deus, que como um jovem nos ajuda e está sempre pronto a ajudar. Corretamente se diz: "Estava sentado do lado direito". Diz-se direita, como para dizer "dando fora" (latim: *dextera, dans extra*). Ele nos ajudou de modo maravilhoso quando deu a nós a divindade e assumiu a nossa humanidade, para que nós, que estávamos *fora*, estivéssemos *dentro*; para que nós entrássemos, Ele saiu e se cobriu da veste cândida, isto é, da carne humana, mas sem mancha alguma. Diz o Bem-aventurado Bernardo: "Depois de todos os benefícios, quis ser traspassado do lado direito, para mostrar-nos que somente do lado direito quis preparar-nos um lugar à direita".

O justo, que sai do mundo e entra no sepulcro, deve ver, deve contemplar este "jovem" na maneira indicada pelo Bem-aventurado Bernardo: "Como o animal que é preparado para o trabalho, assim o jovem aprendiz de Cristo deve ser instruído sobre a maneira de aproximar-se de Deus, para que Deus se aproxime dele. Deve ser exortado a dirigir-se, com a máxima pureza de coração possível, àquele ao qual apresenta a oferta de sua oração. Quanto mais vê e compreende aquele ao qual faz sua oferta, tanto mais arderá de amor por Ele, e a própria compreensão transformar-se-á em amor; e quanto mais for dele enamorado, tanto mais compreenderá se aquilo que lhe oferece é verdadeiramente digno de Deus e se nele terá algum proveito.

Todavia, àquele que reza ou medita deste modo, será melhor e mais seguro propor a imagem da humanidade do Senhor, de sua natividade, de sua paixão e ressurreição, para que o espírito fraco, que não sabe pensar senão na matéria e nas coisas materiais, encontre algo sobre o qual se fixar com olhar de piedade e ao qual se apegar, segundo suas disposições.

Aquilo que se lê em Jó, que o homem, se se detém a considerar sua natureza, não pecará (cf. Jó 5,24), é dito certamente em referência ao mediador Cristo, e significa: quando o homem dirige a Ele o olhar de sua inteligência, considerando em Deus a natureza humana, jamais se afasta da verdade, e enquanto por meio da fé não separa Deus do homem, aprende no fim a reconhecer no homem seu Deus.

Com tudo isso, no ânimo dos pobres de espírito e dos filhos de Deus mais simples, o sentimento é, em geral, tanto mais suave quanto mais se aproxima da natureza humana. Num segundo momento, porém, quando a fé se transforma em afeto, acolhendo no centro do seu coração, com o doce abraço do amor, Cristo Jesus, homem perfeito assumido pelo homem, e verdadeiro Deus enquanto Deus que assume, começam a conhecê-lo já não segundo a carne, embora não possam ainda pensá-lo plenamente Deus segundo Deus e bendizendo-o em seu coração, amam oferecer-lhe seus votos" (GUIGO [O CERTOSINO]. *Epístolas*) e seus aromas, junto com as santas mulheres, das quais exatamente se diz: "Entrando no sepulcro, viram um jovem sentado ao lado direito" etc.

IV – A ressurreição de Jesus Cristo

11. "O jovem disse-lhes: Não temais! Buscais a Jesus Nazareno, o crucificado: ressuscitou, não está aqui; eis o lugar onde o depositaram. Mas ide, dizei a seus discípulos e a Pedro que Ele vos precederá na Galileia, lá o vereis, como Ele vos disse" (Mc 16,67). "Desapareceu a amarga raiz da cruz, desabrochou a flor da vida com seus frutos." "Quem jazia na morte ressurgiu na glória." "De manhã ressurgiu, quem à tarde fora sepultado", para que se cumprisse a palavra do salmo: "De tarde estaremos em lágrimas, e de manhã em alegria!" (Sl 29,6).

Portanto, Jesus foi sepultado no sexto dia da semana, que se chama parasceve; ao pôr do sol, antes que começasse o sábado; na noite seguinte, no dia de sábado com a noite seguinte permaneceu depositado no sepulcro; no terceiro dia, isto é, na manhã do primeiro dia depois do sábado, ressuscitou. Permaneceu no sepulcro exatamente um dia e duas noites, porque uniu a luz de sua única morte às trevas de nossa dupla morte. De fato, nós éramos escravos da morte da alma [vida natural] e do espírito [vida espiritual]. Ele sofreu por nós uma única morte, a da carne, e assim nos libertou da nossa dupla morte. Uniu sua única morte à nossa dupla morte, e morrendo destruiu a ambas. Lemos no evangelho que o Senhor, depois da ressurreição, apareceu a seus discípulos bem umas dez vezes, das quais as primeiras cinco no próprio dia da ressurreição.

A primeira vez apareceu à Maria Madalena, a segunda, às mulheres que voltavam do sepulcro, a terceira, a Pedro, segundo o que afirma Lucas: "Na verdade o Senhor ressuscitou e apareceu a Simão" (Lc 24,34); a quarta vez apareceu aos dois discípulos que se dirigiam a Emaús; a quinta, aos dez apóstolos no cenáculo estando fechadas as portas, na ausência de Tomé. A sexta vez reapareceu aos discípulos, oito dias depois, presente também Tomé; a sétima vez apareceu a sete discípulos que estavam pescando; a oitava foi sobre o Monte Tabor, onde o Senhor havia estabelecido que todos se reunissem para esperá-lo: e assim, antes de sua ascensão aparece oito vezes; e no dia da ascensão apareceu outras duas vezes, isto é, enquanto os Onze estavam comendo no cenáculo, por isso Lucas diz: "Estando à mesa com eles, ordenou-lhes que não se afastassem de Jerusalém" (At 1,4). Depois se mostrou novamente após a refeição: os onze apóstolos e outros discípulos, a Virgem Maria, com outras mulheres, dirigiram-se ao Monte das Oliveiras, onde lhes apareceu o Senhor e "enquanto eles estavam olhando, Ele se elevou para o alto e uma nuvem o ocultou aos seus olhos" (At 1,9). Vejamos qual seja o significado moral destas dez aparições.

12. *1.* Apareceu a Maria Madalena. De fato, à alma penitente aparece a graça de Deus, antes do que aos outros. Diz-se no Êxodo: "Apareceu no deserto o maná, uma coisa miúda e como que pisada num pilão, semelhante à geada que se forma sobre a terra" (Ex 16,14). No deserto, isto é, naquele que faz penitência, aparece o maná da graça divina, quebrada na contrição, pisada no pilão da confissão, semelhante à geada na obra penitencial da satisfação.

2. Apareceu às mulheres que voltavam da visita ao sepulcro. De fato, o Senhor aparece àqueles que retornam do sepulcro, isto é, saem de sua miseranda morte espiritual e consideram o lacrimoso ingresso de seu nascimento. Lemos no Gênesis: "E o Senhor apareceu a Abraão no Vale de Mambré, quando ele estava sentado à porta de sua tenda, no maior calor do dia" (Gn 18,1). Abraão é o justo, o vale é a dupla humildade; Mambré interpreta-se "esplendor"; a tenda representa o corpo, o ingresso da tenda, o ingresso e a saída da vida; a hora mais quente do dia representa o arrependimento da alma. O Senhor aparece, pois, ao justo que se mantém na dupla humildade do coração e do corpo, a qual conduz ao esplendor da glória celeste; ao justo que está sentado no ingresso de sua tenda, isto é, que medita sobre o nascimento de seu corpo e sobre sua morte, e deve meditar tudo isso no fervor do arrependimento.

3. Apareceu a Pedro. Jeremias escreve: "O Senhor me apareceu [e me disse]: Eu te amei com amor eterno; por isso, compadeci-me de ti e te atraí a mim; de novo te edificarei" (Jr 31,3-4). Diz Pedro: O Senhor ressuscitado da morte apareceu a mim, a mim penitente, a mim amargamente choroso! E responde o Senhor: "Amei-te com amor eterno". De fato, "voltando-se, o Senhor olhou para Pedro" (Lc 22,61). Olhou-o porque o amava; portanto, com a corda do amor "atraí-te a mim com misericórdia". Diz Agostinho: Não quis vingar-se dos pecadores aquele que deseja conceder o perdão a quem se arrepende. "E de novo te edificarei", reconduzir-te-ei à dignidade do apostolado: "Ide e dizei aos seus discípulos e a Pedro". Comenta Gregório: "Pedro é chamado pelo nome, para que não se desespere por sua tríplice negação. De fato, se o anjo não o tivesse indicado pelo nome, ele, que chegara a negar o Mestre, não teria mais ousado retornar para o meio dos discípulos".

4. Apareceu aos dois discípulos que se dirigiam a Emaús. Emaús interpreta-se "desejo de conselho", do conselho dado pelo Senhor que disse: "Se queres ser perfeito, vai, vende tudo o que tens e dá-o aos pobres" (Mt 19,21). Os dois discípulos representam os dois mandamentos da caridade: o amor a Deus e ao próximo. Àquele que tem a caridade e que deseja ser pobre como Cristo, o Senhor aparece. Lê-se no Gênesis que Isaac subiu a Bersabeia, onde lhe apareceu o Senhor (cf. Gn 26,23-24). Bersabeia interpreta-se "poço que sacia" e nele são representadas a caridade e a pobreza que saciam a alma: quem tem estas duas virtudes "não terá sede para sempre" (Jo 4,13).

5. Apareceu aos dez discípulos reunidos juntos [no cenáculo] estando fechadas as portas. Quando os discípulos, isto é, os sentimentos da razão, estão reunidos juntos por um objetivo, e as portas dos cinco sentido estão fechadas à vaidade, então certamente aparece na mente a graça do Espírito Santo. Lê-se em Lucas: A Zacarias "tendo entrado no templo do Senhor apareceu o anjo do Senhor, posto de pé ao lado direito do altar do incenso" (Lc 1,9.11). Quando Zacarias, que se interpreta "memória do Senhor" – quer dizer, homem justo, porque respondeu ao Senhor no tesouro de sua memória –, quando Zacarias entra no templo do Senhor, isto é, na sua consciência, na qual o Senhor mora, então o anjo do Senhor, isto é, a graça do Espírito Santo, aparece-lhe, ilumina-o, posto de pé à direita do altar do incenso. O altar do incenso representa a compunção da mente; a direita é a reta intenção. Portanto, a graça do Senhor está à direita do altar do incenso, porque aprova aquela compunção, louva e agrada-lhe aquele incenso que o justo faz subir da reta intenção da mente.

13. 6. Oito dias depois da ressurreição, apareceu aos discípulos, quando com eles estava também Tomé, de cujo coração extirpou qualquer dúvida. De fato, quando estivermos no oitavo dia da ressurreição final, o Senhor eliminará de nós qualquer sinal de dúvida e qualquer mancha de mortalidade e de enfermidade. Diz Isaías: "A luz da lua será como a luz do sol, e a luz do sol será sete vezes mais intensa, como seria a luz de sete dias juntos, no dia em que o Senhor atar a ferida do seu povo e curar o golpe de sua chaga" (Is 30,26). Presta atenção a estas duas palavras: ferida e chaga. A ferida refere-se à alma, àchaga, ao corpo. Na ferida é representado o pensamento impuro da alma, na chaga, a morte do corpo. Mas no dia da ressurreição final, quando o sol e a lua – como diz Isidoro no *Livro das criaturas* – receberão a recompensa de seu esforço, porque o sol fulgurará e arderá imóvel no Oriente sete vezes mais do que agora, de modo a atormentar aqueles que estão no inferno, e a lua, parada no Ocidente, terá o esplendor que o sol tem hoje, então, verdadeiramente, o Senhor curará a ferida de nossa alma, porque, como diz o profeta, nenhum animal, isto é, nenhum pensamento mau, passará por Jerusalém (cf. Is 35,9). Antes, como diz João no Apocalipse, "a cidade [quer dizer, a nossa alma] será como ouro puríssimo semelhante ao límpido cristal" (Ap 21,18). O que há de mais brilhante do que o ouro, de mais luminoso do que o cristal? E eu vos pergunto: na ressurreição final o que existirá de mais brilhante e de mais lumi-

noso do que a alma do homem glorificado? Então o Senhor curará a lividez da nossa chaga – da qual somos atingidos pela desobediência dos nossos progenitores –, e este corpo mortal vestir-se-á de imortalidade e este corpo corruptível será revestido de incorruptibilidade (cf. 1Cor 15,53-54).

Na ressurreição final, o "jardim do Senhor", isto é, nosso corpo glorificado, será irrigado por quatro rios: o Fison, o Geon, o Tigre e o Eufrates; isto é, será dotado de quatro prerrogativas: a luminosidade, a sutilidade, a agilidade e a imortalidade. Fison interpreta-se "mudança de aspecto", Geon, "peito", Tigre, "flecha", Eufrates, "fértil" (cf. Gn 2,10-14). No Fison é indicado o esplendor da ressurreição: de nossa grande feiura e obscuridade seremos transformados como num sol. De fato, diz-se: "Os justos resplendecerão como o sol..." (Mt 13,43). No Geon é indicada a sutileza; de fato, como o peito do homem não se despedaça, não é lesado, não se abre nem tem algum sofrimento quando do coração saem os pensamentos (cf. Mt 15,19), assim o corpo glorificado será dotado de tão grande sutileza que nada será para ele impenetrável; e, todavia, será inviolável, incindível, compacto e sólido, como o foi o corpo glorificado de Cristo, que entrou junto aos apóstolos [no cenáculo] com as portas fechadas (cf. Jo 20,26). No Tigre é indicada a agilidade, que é eficazmente representada pela velocidade da flecha. No Eufrates é indicada a imortalidade, na qual seremos inebriados pela abundância da casa de Deus (cf. Sl 35,9): plantados nela como a árvore da vida no centro do paraíso terrestre, daremos frutos. Serão os frutos da eterna saciedade, por causa dos quais nunca mais sentiremos fome.

14. *7*. A seguir, apareceu aos sete discípulos que estavam pescando. A pesca representa a pregação e àqueles que a ela se dedicam certamente aparece o Senhor. De fato, está escrito no Livro dos Números que sobre Moisés e Aarão "apareceu a glória do Senhor. E o Senhor falou a Moisés, dizendo: Toma a vara e junta o povo, tu e Aarão, teu irmão e falai ao rochedo na presença deles e ele dará águas. Depois que tiverdes feito sair água do rochedo, beberá toda a multidão e os seus animais" (Nm 20,6-8). Nesta passagem, Moisés representa o

pregador. Aarão interpreta-se "forte monte", no qual são indicadas duas coisas: a santidade da vida e a constância da fortaleza. Sem este irmão, Moisés nunca deve mover-se. O Senhor lhe disse: Toma a vara da pregação e reúne o povo, tu e Aarão teu irmão, sem o qual o povo nunca é reunido com proveito, porque quando se despreza a conduta de uma pessoa, despreza-se também a sua pregação; e falai ao rochedo, isto é, ao coração endurecido do pecador, e aquele rochedo fará brotar as águas da compunção. E com justiça se diz "falai", e não "fala". De fato, se falar somente a boca, e a vida está muda, jamais poderá fazer sair água do rochedo. O Senhor amaldiçoou a figueira na qual não encontrou frutos, mas só folhas (cf. Mt 21,19; Mc 11,13-14): de folhas foram revestidos os progenitores expulsos do paraíso terrestre (cf. Gn 3,7). Falem, pois, Moisés e Aarão, e brotará a água, e beberão a multidão do povo e todos os animais: tanto os clérigos como os leigos quanto os espirituais como os viciados saciar-se-ão com a água da compunção. Esta é a *multidão* da qual João diz: "Lançaram a rede e já não podiam tirá-la, por causa da grande quantidade [multidão] de peixes" (Jo 21,6).

15. *8.* Depois apareceu aos Onze sobre um Monte da Galileia (cf. Mt 28,16-17). Galileia interpreta-se "transmigração", e indica a penitência com a qual se efetua uma transmigração, quando o homem da margem do pecado mortal, através da ponte da confissão, passa para a margem da obra penitencial da satisfação. Portanto, o Senhor aparece sobre um Monte da Galileia, isto é, na perfeita penitência; aparece aos onze discípulos, isto é, aos penitentes que justamente são em número de onze, porque onze foram as telas de lã de cabra com as quais foi coberta a parte superior da tenda do testemunho, como está escrito no Êxodo (cf. Ex 26,7). Nas telas de lã de cabra são indicadas duas coisas: o rigor da penitência e o fedor do pecado, do qual os penitentes confessam terem sido escravos. Com estas telas é coberta a parte superior da tenda, isto é, da Igreja militante: elas retêm o ardor do sol, suportam o peso do dia e do calor (cf. Mt 20,12); protegem as cortinas tecidas de linho, de seda, de púrpura e de escarlate pintado duas vezes; estas cortinas repre-

sentam os fiéis da Igreja, ornados com o linho da castidade, com a seda da contemplação, com a púrpura da paixão do Senhor, com o escarlate pintado duas vezes, quer dizer, decorado com o duplo mandamento da caridade. E as onze telas os protegem da inundação das chuvas, isto é, da obstinação dos hereges; do turbilhão, que é a sugestão diabólica; da sujeira do pó, quer dizer, da vaidade do mundo. Eis, pois, como o Senhor apareceu aos onze discípulos.

Daí que Jacó fala assim no Gênesis: "O Deus onipotente apareceu-me em Lusa, que é na terra de Canaã" (Gn 48,3). Lusa interpreta-se "amendoeira", e indica a penitência, na qual, como na amêndoa, há três elementos: a cortiça amarga, a casca sólida, a semente doce. Na cortiça amarga é indicada a amargura da penitência, na casa sólida, a constância da perseverança e na semente doce, a esperança do perdão.

Apareceu, pois, o Senhor em Lusa, que se encontra na terra de Canaã e se interpreta "mudança". A verdadeira penitência, com efeito, é aquela pela qual o homem passa da esquerda para a direita, e com os onze discípulos transmigra para o Monte da Galileia, onde aparece o Senhor.

9. Apareceu ainda o Senhor aos Onze enquanto estavam à mesa – como relata Marcos (cf. Mc 16,14) – no próprio dia de sua ascensão ao céu, quando, enquanto comia com eles, precisa Lucas, ordenou que não se afastassem de Jerusalém (cf. At 1,4). O Senhor, pois, aparece àqueles que, no cenáculo da sua mente, libertam-se das preocupações deste mundo, nutrem-se com o pão das lágrimas na recordação de seus pecados e com a experiência da doçura celeste. Diz o Gênesis: "O Senhor apareceu a Isaac e lhe disse: Não vás ao Egito, mas fica na terra que eu te indicar, e habita nela como estrangeiro: eu estarei contigo e te abençoarei" (Gn 26,2-3). Três coisas o Senhor ordena ao justo: não descer ao Egito, isto é, não mergulhar no afã das coisas do mundo, onde se fabricam os tijolos com o barro da luxúria, com a água da avareza e com a palha da soberba; ficar para repousar na terra de sua consciência; e em todos os dias de sua vida, que são como um combate contínuo (cf. Jó 14,14), se considere somente um peregrino. E assim, o Senhor estará com ele e o abençoará com a bênção de sua direita.

16. *10.* E finalmente apareceu novamente aos Onze, como relata Lucas, quando "os conduziu para fora da cidade em direção a Betânia, isto é, ao Monte das Oliveiras, e levantando as suas mãos, abençoou-os" (Lc 24,50); "elevou-se à vista deles e uma nuvem o ocultou aos seus olhos" (At 1,9). O Senhor aparece àqueles que estão no Monte das Oliveiras, isto é, da misericórdia. Com efeito, diz-se no Êxodo: "O Senhor apareceu a Moisés numa chama de fogo no meio de uma sarça; e [Moisés] via que a sarça ardia sem se consumir" (Ex 3,2). A Moisés, isto é, ao homem misericordioso, aparece o Senhor na chama de fogo, quer dizer, enquanto participa dos sofrimentos dos outros. Mas de onde brota esta chama? Do meio da sarça, isto é, do pobre, espinhoso, atribulado, esfomeado, nu, sofredor; e o justo, traspassado pelo espinho daquela pobreza, arde de compaixão para depois usar com ele de misericórdia. E assim poderá constatar que a sarça, isto é, o pobre, arderá com maior devoção e não se consumirá na sua pobreza.

Coragem, pois, caríssimos irmãos, que estais aqui reunidos para festejar a Páscoa da Ressurreição; eu vos suplico que compreis com o dinheiro da boa vontade, junto com as piedosas mulheres, os aromas das virtudes, com os quais possais ungir os membros de Cristo com a amabilidade da palavra e com o perfume do bom exemplo; suplico-vos, pensando na vossa morte, que chegueis e entreis no sepulcro da celeste contemplação, na qual vereis o anjo do Eterno Conselho, o Filho de Deus, sentado à direita do Pai. Na ressurreição final, quando vier para julgar o mundo no fogo, Ele se revelará a vós, não digo dez vezes, mas para sempre: para sempre e nos séculos dos séculos o vereis como Ele é, com Ele gozareis, com Ele reinareis.

Digne-se conceder-nos tudo isso aquele que ressuscitou da morte: a Ele seja a honra e a glória, o domínio e o poder nos céus e sobre a terra pelos séculos eternos. E cada fiel, neste dia de alegria pascal, exclame: Amém, Aleluia!

A ressurreição do Senhor

1. "A amendoeira florescerá, o gafanhoto engordará e a alcaparra se extinguirá" (Ecl 12,5).

Exórdio – Na ressurreição a humanidade de Cristo floresceu como a vara de Aarão

2. Lemos no Livro dos Números que a vara de Aarão germinou e floresceu e, desenvolvidas as folhas, produziu amêndoas (cf. Nm 17,8).

Aarão, sumo pontífice, é figura de Cristo, que não entrou no santuário com sangue de bodes e de bezerros, mas com o próprio sangue (cf. Hb 9,12); este é o pontífice que "fez de si uma ponte", para que por meio dele pudéssemos passar da margem da mortalidade para a da imortalidade: hoje sua vara floresceu.

A vara é sua humanidade, da qual se diz: "O Senhor fará sair de Sião a vara do teu poder" (Sl 109,2): de fato, a humanidade de Cristo, por meio da qual a divindade exercia seu poder, teve origem em Sião, isto é, no povo judaico, "porque [diz-se no evangelho] a salvação, isto é, o Salvador, vem dos judeus" (Jo 4,22).

Esta vara permaneceu quase árida no sepulcro por três dias e três noites; mas depois floresceu e produziu fruto, porque ressuscitou e nos trouxe o fruto da imortalidade.

I - Sermão alegórico

3. "A amendoeira florescerá." Gregório diz que a amendoeira é a primeira de todas as árvores a lançar as flores; e o Apóstolo diz que Cristo é o primogênito daqueles que ressuscitam dos mortos (cf. Cl 1,18), porque ressurgiu por primeiro.

Observa que a pena infligida ao homem era dupla: a morte da alma e a do corpo: "Em qualquer dia que comeres [disse o Senhor] morrerás indubitavelmente" (Gn 2,17), da morte da alma: e não poderás subtrair-te à lei da morte. De fato, outra tradução diz com maior precisão: "tornar-te-ás mortal". Veio o nosso samaritano, Jesus Cristo, e sobre esta dupla ferida derramou vinho e óleo (cf. Lc 10,34), para que com a efusão de seu sangue destruísse a morte de nossa alma. Com efeito, diz Oseias: "Eu os livrarei do poder da morte, eu os resgatarei da morte. Ó morte, eu hei de ser a tua morte; ó inferno, eu hei de ser a tua destruição!" (Os 13,14). Do inferno tomou uma parte e uma parte a deixou, à maneira daquele que morde, e com sua ressurreição aboliu a lei da morte, pois deu a esperança de ressurgir: "E não haverá mais morte" (Ap 21,4).

A ressurreição de Cristo está representada no óleo, que boia sobre todos os líquidos. O júbilo provado pelos apóstolos na ressurreição de Cristo superou qualquer outro júbilo por eles experimentado, quando Ele ainda estava com eles no seu corpo mortal. E também a glorificação dos corpos superará qualquer outro júbilo: "Os discípulos alegraram-se ao ver o Senhor" (Jo 20,20).

4. "E o gafanhoto engordará." No gafanhoto é representada a Igreja primitiva, que, com a flor da ressurreição do Senhor, se engrandeceu e foi tomada de maravilhosa alegria. De fato, Lucas escreve: "Não crendo eles ainda e estando fora de si com a alegria, disse-lhes: Tendes aqui alguma coisa que se coma? Eles apresentaram-lhe uma posta de peixe assado e um favo de mel" (Lc 24,41-42). O peixe assado é figura do nosso Mediador que sofreu a paixão, foi preso com o laço da morte nas águas do gênero humano, e assado, por assim dizer, no tempo da paixão; Ele é para nós também o favo

de mel, por motivo da ressurreição, que hoje celebramos. O favo apresenta o mel na cera, e isso representa a divindade revestida da humanidade. E nesta mistura de cera e de mel indica-se que Cristo acolhe na eterna tranquilidade, no seu corpo, aqueles que quando sofrem tribulações por Deus não desfalecem no amor da eterna doçura. Aqueles que cá embaixo, por assim dizer, são assados pela tribulação, serão saciados lá em cima pela verdadeira doçura.

Observa que "hoje o Senhor apareceu cinco vezes": primeiro a Maria Madalena (Mt 16,9; cf. Jo 20,14-18), depois, de novo a ela enquanto estava junto com outros, quando corria para dar a notícia aos discípulos (cf. Mt 28,9); depois a Pedro (cf. Lc 23,34); a seguir a Cléofas e ao seu companheiro [enquanto iam a Emaús] (cf. Lc 24,14-31); e por fim aos discípulos, estando fechadas as portas, depois do retorno dos dois discípulos de Emaús (cf. Lc 24,36-39; Jo 20,19-23). Eis, pois, de que modo o gafanhoto engordou com a flor da amendoeira, quer dizer, de que modo a Igreja primitiva foi alegrada pela ressurreição do Senhor.

Quando o sol queima, o gafanhoto faz saltos e voos; assim a Igreja primitiva, no dia de Pentecostes, quando o Espírito Santo a inflamou, fez em todo o mundo os saltos e os voos da pregação. "Em toda a terra difundiu-se o som de sua voz" (Sl 18,5). Assim, tendo-se a Igreja engrandecido, "foi extinguida a alcaparra", que é uma plantinha que se agarra à pedra, e representa a sinagoga, à qual tem sido dada a lei escrita sobre a pedra, para mostrar sua dureza, e sempre permaneceu agarrada a ela. "Este é um povo de dura cerviz" (Ex 34,9).

Quanto mais a Igreja crescia, tanto mais a sinagoga desagregava-se. Concorda com isso aquilo que se lê no Segundo Livro dos Reis: "Houve, pois, uma longa guerra entre a casa de Saul e a casa de Davi, adiantando-se Davi e fortificando-se cada vez mais, enquanto a casa de Saul decaía todos os dias" (2Sm 3,1). A casa de Davi é a Igreja; a casa de Saul, que se interpreta "aquele que abusa", representa a sinagoga, que, tendo abusado dos dons especiais de Deus, recebeu o libelo de repúdio e abandonou o tálamo do esposo legítimo. Quão foi longo o dissídio entre a Igreja e a sinagoga, é demonstrado pelos Atos dos Apóstolos. A Igreja crescia porque "cada dia o Senhor acrescentava a ela aqueles que eram salvos" (At 2,47). A sinagoga, porém, diminuía cada dia. Daí que Oseias diz: "Chama-o de Não-meu-povo, porque vós já não sois meu povo e eu não serei o vosso Deus"; e ainda: "Esquecer-me-ei totalmente deles; compadecer-me-ei, porém, da casa de Judá" (Os 1,9.6-7), isto é, da Igreja. A Jesus Cristo, pois, honra e glória nos séculos. Amém.

II – Sermão moral

5. "Florescerá a amendoeira" etc. Agora veremos o que significam, em sentido moral, a amendoeira, o gafanhoto e a alcaparra. Nestas três entidades estão representadas a generosidade da esmola, a consolação do pobre, a destruição da avareza.

Generosidade da esmola. "A amendoeira florescerá", isto é, o esmoleiro. A ele diz Isaías: "De manhã florescerá a tua semente" (Is 17,11). A semente é a esmola que, de manhã, isto é, tempestivamente, deve florescer na mão do cristão antes de qualquer outra atividade material, como a amendoeira floresce antes das outras árvores.

Observa que na flor existem três elementos: a cor, o perfume e a promessa do fruto. Com a cor alegra-se a vista, com o perfume delicia-se o olfato, com o fruto satisfaz-se o gosto. Assim é com a esmola: na sua cor restaura-se, por assim dizer, a vista do pobre, que tem o olho dirigido para a mão de quem doa. De fato, Pedro, junto com João, disse ao coxo: "Olha para nós! Então ele os olhou, na esperança de receber deles alguma coisa" (At 3,4-5).

E aqui, não sem desgosto, devemos denunciar aquilo que fazem os prelados da Igreja e os grandes deste mundo: eles fazem esperar por longo tempo à sua porta os pobres de Cristo, que imploram e pedem a esmola com voz lacrimosa e, finalmente, só depois que eles se fartaram muito bem e não raras vezes embriagados, mandam que se lhes dê alguma sobra de sua mesa e as lavagens da cozinha. Por certo, Jó não se comportava assim, amendoeira que florescia há tempo e que diz: "Jamais neguei aos pobres o que pediam, nem fiz esperar os olhos da viúva; nunca comi sozinho o meu bocado sem que o órfão também comesse o seu. Porque desde a minha infância cresceu comigo a piedade e a comiseração" (Jó 31,16-18). E isso o dizia falando do alimento. Ouça o que diz do vestido: "Jamais desprezei um peregrino porque não tinha de que se vestir e um pobre que não tinha de que se cobrir: abençoaram-me os seus membros e com a lã das minhas ovelhas se aqueceu" (Jó 31,19-20).

Igualmente o perfume da esmola edifica o próximo, porque recebe dela o bom exemplo e glorifica a Deus, enquanto o espírito daquele que dá se consola na esperança de receber seu fruto na vida eterna.

6. Consolação do pobre. "O gafanhoto engorda." Naum diz que "no tempo de frio os gafanhotos refugiam-se nas sebes" (Na 3,17). Assim os pobres, no rigor da pobreza que os angustia, literalmente se refugiam junto às sebes, pedindo esmola aos passantes, como leprosos, rejeitados pelos homens. Ou também: as sebes, nas quais existem ramos pontudos e espinhos, representam as pontadas, as dores e as doenças dos pobres. Eis quanto sofrimento! E por isso, quanto é necessária a consolação! O gafanhoto engorda com a flor, o pobre é consolado com a esmola. Por isso Jó diz: "A bênção do que estava a perecer vinha sobre mim, e consolei o coração da viúva" (Jó 29,13). E o Senhor por boca de Isaías: "Aqui é o meu descanso, reparai as forças do que está fatigado; e este é o meu refrigério, e eles não quiseram ouvir-me" (Is 28,12). E, portanto, também eles, quando gritarem: "Senhor, Senhor, abre-nos!" (Mt 25,11), não serão ouvidos. Agora, na pessoa de seus pobres, o Senhor está à porta e bate (cf. Ap 3,20): ser-lhe-á aberto quando o pobre for saciado. Saciedade do pobre, repouso de Cristo. O que tiverdes feito a um destes meus irmãos mais pequeninos, a mim o fizestes (cf. Mt 25,40).

E observa que diz "engordará" (*impinguabitur*). A gordura tem algo em comum com o ar e o fogo: por isso boia sobre a água, porque o ar que existe nela a sustem. Igualmente a consolação do pobre participa do ar da devoção que ele recebe em relação a si mesmo; e do fogo da caridade que tu dás em relação a ti. A devoção o eleva para que reze por ti. De fato, é dito: Repõe a esmola no seio do pobre e ela rogará por ti (cf. Eclo 29,15), a fim de que te sejam perdoados os pecados, para que tua mente seja iluminada pela graça e te seja dada a vida eterna.

7. Destruição da avareza. "A alcaparra se extinguirá." A raiz da alcaparra agarra-se à pedra, na qual é representada a dureza do avarento, que não se enternece diante das misérias dos pobres. O avarento é como Nabal, do qual se diz no Primeiro Livro dos Reis que era "um homem duro e muito mau". Os mensageiros de Davi lhe disseram: "Viemos a ti em muito boa ocasião: dá a teus servos e a Davi, teu filho, qualquer coisa que tiveres à mão. Ele lhes respondeu: Quem é Davi? E quem é o filho de Jessé? Hoje são numerosos os servos que fogem aos seus senhores. Pegarei eu, portanto, o meu pão, a minha água e a carne dos animais que matei para os que tosquiam minhas ovelhas, e dá-los-ei a homens que não sei de onde são?" (1Sm 25,3-11). Esta é também a resposta do avarento aos pobres de Cristo, que pedem esmola: ele não dá nada a eles, antes blasfema e os envergonha. Por isso, sucede-lhe o que segue: "Seu coração ficou como morto interiormente e ele tornou-se como uma pedra" (1Sm 25,37). É isso que acontece ao avarento quando lhe é subtraída a graça e é privado de entranhas de misericórdia.

Feliz, porém, aquele que tira de si o coração de pedra e toma um coração de carne (cf. Ez 11,19), que, ferido pelas misérias dos pobres, sofre com eles para que sua compaixão se torne seu sustento e seu sustento marque a destruição de sua avareza. Se alguém tivesse em seu pomar uma árvore estéril, será que não a arrancaria e em seu lugar plantaria uma outra em condições de dar fruto? A avareza é a árvore estéril!

Para que ocupa a terra? Corta-a! (cf. Lc 13,7), arranca-a, e em seu lugar planta a esmola, que possa dar-te fruto para a vida eterna.

Isso te conceda Aquele que é bendito nos séculos. Amém.

III – Sermão moral

8. "A amendoeira florescerá." Aqui são indicadas três coisas: a honestidade da vida, a doçura da contemplação e a extinção da luxúria. Vejamos brevemente cada uma delas.

A honestidade da vida. Lemos no Livro de Daniel: "Eu, Nabucodonosor, estava tranquilo em minha casa e feliz no meu palácio"

(Dn 4,1). O que devemos entender por "casa" senão a consciência? E o que por "palácio" senão a segurança da consciência e a confiança que provém da segurança? De fato, também o palácio é uma casa, mas nem todas as casas podem chamar-se palácio. O palácio é uma espécie de casa sólida, alta, real. Se na casa devemos ver representada a consciência, justamente por palácio devemos entender a segurança da consciência. Portanto, senta-se tranquilo na sua casa aquele ao qual a consciência não remorde. Uma adequada reparação e penitência pelos pecados passados e uma vigilante atenção para evitá-los no futuro tornam a consciência tranquila. Está, pois, tranquilo em sua casa aquele ao qual a consciência não remorde, nem pelas culpas passadas nem por aquelas presentes. Estava verdadeiramente tranquilo em sua casa aquele que dizia com sinceridade: "Meu coração nada me reprova em toda a minha vida" (Jó 27,6). Tranquilo estava em sua casa aquele que pôde dizer com sinceridade: "De nada me sinto culpado" (1Cor 4,4). Naquele tempo estava verdadeiramente tranquilo em casa e prosperava no seu palácio, quando dizia: "A nossa glória [mérito] é esta: o testemunho da nossa consciência" (2Cor 1,12).

E já que na flor está a esperança do fruto, justamente na flor é representada a perspectiva segura dos bens futuros. E já que a flor é de alguma forma o início dos frutos futuros, por flor entende-se ao menos uma mudança e uma renovação no esforço de progredir. Portanto, na flor está representada a segura perspectiva dos bens futuros, ou também um renovado esforço em adquirir méritos. Por isso, prospera verdadeiramente em seu palácio aquele que, no testemunho de sua boa consciência, espera com certeza a coroa de glória, e nesse meio-tempo, com o salto e com o voo da contemplação, preliba sua doçura.

9. A doçura da contemplação: "O gafanhoto engordará", o qual, quando o sol queima, costuma dar saltos e voar pelo ar, quase diria, com uma certa alegria. Assim, sem dúvida, também a alma santa, quando é excitada em si mesma por um certo aplauso interior de sua alegria, quando é estimulada a superar a si mesma com a elevação da mente, quando está totalmente absorvida pelas

coisas celestes, quando está totalmente imersa nas visões angélicas, parece exatamente que tenha superado os limites de suas possibilidades naturais. Por isso, diz o profeta: "Os montes saltarão como carneiros e as colinas como cordeiros de um rebanho" (Sl 113,4). Quem não vê que vai além da natureza, ou antes, é contra a natureza, que os montes ou as colinas, à semelhança de carneiros ou de cordeiros que brincam, deem saltos para o alto, e que a terra se separe da terra e se equilibre no vazio? Mas não se mantém talvez suspensa terra sobre terra quando um homem quer colocar-se acima de outro homem, enquanto, porém, a voz do Senhor o admoesta dizendo-lhe: "És pó e ao pó voltarás"? (Gn 3,19). Portanto, quando a alma se eleva com a elevação da mente, é saciada pela doçura da contemplação.

Lemos no Cântico dos Cânticos: "Quem é esta que sobe do deserto inebriada de delícias, apoiada sobre o seu amado?" (Ct 8,5). Do deserto, a alma sobe para a contemplação, quando abandona todas as coisas inferiores e, penetrando até o céu, com a devoção imerge-se totalmente nas coisas divinas; e é verdadeiramente inebriada de delícias quando se alegra na plenitude do júbilo espiritual e se revigora na abundância das delícias interiores que lhe são dadas pelo céu e nela copiosamente infusas. A alma apoia-se no seu amado quando nada presume de suas forças, nada atribui a seus méritos, mas tudo à graça do seu amado: "Na realidade foi Ele que nos fez, e não nós a nós mesmos" (Sl 99,3). E Isaías: "Tu fizeste para nós todas as nossas obras" (Is 26,12). E qual seja a utilidade desta "engorda" do gafanhoto, é expressamente dito por aquilo que segue.

10. A extinção da luxúria: "A alcaparra se extinguirá". Isto se refere aos rins; e já que na zona dos rins tem sede a luxúria, na alcaparra é indicada a luxúria, que é destruída quando a alma é enchida pela doçura [da contemplação] acima descrita. De fato, Daniel diz: "Tendo eu ficado sozinho, vi esta grande visão; e não ficou em mim vigor algum, mudou-se o meu semblante, caí desfalecido e perdi todas as forças" (Dn 10,8). E Jó: "A minha alma prefere um fim violento, e os meus ossos, a morte. Perdi a esperança, não viverei mais"

(Jó 7,15-16). Eis de que maneira é destruída a alcaparra. "Daniel, o homem dos desejos" (Dn 10,11) representa o contemplativo que permanece sozinho quando despreza todas as coisas exteriores e com a corda do amor amarra-se à doçura da contemplação, e então, com a mente iluminada, vê a grande visão, mas que ainda não pode compreender, já que cá embaixo é contemplada através de um espelho, como em enigma, não ainda face a face (cf. 1Cor 13,12).

Quando a alma é iluminada e elevada dessa maneira, desfalece a força do corpo, o rosto torna-se pálido, a carne é prostrada e não se importa com os prazeres do corpo e do tempo presente, nos quais já não quer absolutamente viver, como fazia antes, pois já não é mais ela que vive, mas vive nela a vida de Cristo (cf. Gl 2,20), que é bendito nos séculos. Amém.

IV – Sermão anagógico

11. "A amendoeira florescerá, o gafanhoto engordará, a alcaparra se extinguirá." Nestas três comparações são misticamente indicadas a ressurreição do corpo, a glorificação da alma e a destruição da morte. Tratemos de cada uma delas em breves palavras.

A ressureição do corpo: "A amendoeira florescerá". Em Jó encontramos: "Uma árvore tem esperança: se for cortada, torna a reverdecer e brotam os seus ramos. Se sua raiz envelhecer na terra e morrer o seu tronco no pó, ao cheiro da água reverdecerá [novamente] e fará a copa, como no princípio quando foi plantada" (Jó 14,7-9). Embora a árvore, isto é, o corpo do homem, seja cortado pelo machado da morte, seja envelhecido, decomposto na terra e reduzido a pó, todavia o homem deve ter a esperança que ele reflorescerá, isto é, ressurgirá, e que seus membros tornarão a crescer e que, ao cheio da água, isto é, pela munificência da sabedoria divina, brotará de novo, retornará ao seu esplendor, reconstituirá sua copa no que se refere à imortalidade, como quando foi plantado pela primeira vez no paraíso terrestre.

De fato, a primitiva condição do homem no paraíso terrestre foi a possibilidade de não morrer: mas por causa do pecado lhe foi imposta a pena de não poder não morrer; agora, na eterna felicidade, resta-lhe uma terceira maneira de ser: não poder mais morrer. A amendoeira, pois, florescerá. Diz o salmo: "Refloresceu a minha carne e com todas as minhas forças cantarei seus louvores" (Sl 27,7). Recorda que a carne do homem floresceu no paraíso terrestre antes do pecado, floriu depois do pecado, mas refloresceu na ressurreição de Cristo, "superflorescerá", isto é, florescerá perfeitamente, na ressurreição final.

12. E então "o gafanhoto engordará", quer dizer, a alma será glorificada. "Saciar-me-ei com a visão da tua glória" (Sl 16,15).

E ainda: "Alimentou-os com a flor do trigo e os saciou com mel que sai da rocha" (Sl 80,17). O trigo e a rocha são figuras de Cristo, Deus e homem: na miséria da peregrinação terrena é trigo para nós, porque restabelece; é rocha porque acolhe aqueles que se refugiam nele e os defende: "Os penhascos dão abrigo às marmotas" (Sl 103,18), isto é, aos pecadores convertidos; na glória da pátria será para nós flor de trigo e mel da rocha, porque nos nutrirá com o esplendor da sua humanidade e nos saciará com a doçura de sua divindade. De fato, diz Isaías: "Vereis e alegrar-se-á o vosso coração", eis a engorda do gafanhoto; e "os vossos ossos germinarão como erva fresca" (Is 66,14), eis a flor da amendoeira: "Vereis" o esplendor da humanidade, "e o vosso coração se alegrará" com a doçura da divindade.

13. E então, "a alcaparra se extinguirá". Diz o Apóstolo: "Quando este corpo corruptível se vestir de incorruptibilidade e este corpo mortal se revestir de imortalidade, então cumprir-se-á a palavra da Escritura [nas acima citadas passagens de Isaías e de Oseias]: A morte foi tragada pela vitória. Onde está, ó morte, a tua vitória? Onde está, ó morte, o teu aguilhão? O aguilhão da morte é o pecado e a força do pecado é a lei. Portanto, sejam dadas graças a Deus que nos deu a vitória por meio de nosso Senhor Jesus Cristo" (1Cor 15,54-57). Ele é bendito nos séculos. Amém.

Ladainhas ou rogações

1. Naquele tempo, disse Jesus aos seus discípulos: "Se algum de vós tiver um amigo [e for ter com ele à meia-noite e lhe disser: Amigo, empresta-me três pães, porque um meu amigo acaba de chegar à minha casa de viagem e não tenho nada que lhe dar; e ele, respondendo lá de dentro, disser: Não me sejas importuno, a porta já está fechada, os meus filhos estão deitados comigo; não posso levantar-me para te dar coisa alguma. Se o outro perseverar em bater, digo-vos que, ainda que ele não se levantasse a dar-lhe os pães, por ser seu amigo, certamente pela sua importunação levantar-se-á e lhe dará quantos pães precisar.

Eu vos digo: Pedi, e vos será dado; buscai, e encontrareis; batei, e vos será aberto. Porque todo aquele que pede, recebe; e o que busca, encontra; e ao que bate, ser-lhe-á aberto. Se um filho pedir pão, qual é entre vós o pai que lhe dará uma pedra? Ou, se lhe pedir um peixe, dar-lhe-á, em vez do peixe, uma serpente? Ou se lhe pedir um ovo, porventura dar-lhe-á um escorpião?

Se, pois vós, sendo maus, sabeis dar boas dádivas a vossos filhos, quanto mais o vosso Pai celestial dará espírito bom aos que o pedirem!" (Lc 11,5-13)[1].

Neste evangelho são postos em evidência três assuntos: o pedido do pão, a insistência na oração e o amor do pai pelo filho.

---

1. A edição latina traz só o *incipit* deste trecho evangélico. Aqui, para a comodidade do leitor, o trecho foi trazido integralmente.

I – O pedido do pão

2. "Se algum de vós tiver um amigo." Veremos o significado destas seis coisas: o amigo, a noite, os três pães, o amigo que chega de viagem, a porta fechada e as crianças que estão deitadas com o pai.

O amigo – em latim *amicus*, que soa quase como *animi custos*, guarda do ânimo – é Jesus Cristo, que, se não é Ele que guarda o ânimo, em vão vigia quem o guarda (cf. Sl 126,1). Lemos no Eclesiástico: "Um amigo fiel é uma forte proteção, quem o encontrou, encontrou um tesouro. Nada se pode comparar a um amigo fiel, e não existe peso de ouro e de prata que possa ser contraposto ao valor de sua fidelidade" (Eclo 6,14-15); e mais adiante continua: "Não abandones um velho amigo, porque o novo não será semelhante a ele" (Eclo 9,14): o amigo recente simboliza o diabo, que se beneficia nas trocas.

O nosso verdadeiro amigo é Jesus Cristo, que tanto nos amou a ponto de dar por nós a sua vida (cf. Gl 2,20). Pensa que amigo fiel seria aquele que, vendo-te em ponto de morte, se oferecesse por ti e, de boa vontade, tomaria sobre si a tua doença e a tua morte!

Lê-se na *História natural* que a calhandra (a cotovia), pássaro todo branco, cujas entranhas curam o obscurecimento (a catarata) dos olhos, fixa o olhar sobre um doente se este for destinado a sobreviver, porque este fato é presságio de sua cura: este pássaro aproxima-se do rosto do enfermo, absorve e toma sobre si a sua doença e a seguir voa para o céu e ali, entre os raios abrasadores do sol, dispersa-a e a destrói. Assim Cristo, amigo nosso, todo branco porque absolutamente imune de qualquer sombra de pecado, com o sangue que saiu da ferida do seu lado, curou o obscurecimento de nossa alma, que antes não podia ver com clareza. Por isso, diz-se que o sangue extraído do lado de uma pomba remove a mancha do olho (Plínio).

Jesus Cristo, com os olhos de sua misericórdia, olhou fixamente para o gênero humano doente, e isso foi o sinal de nossa salvação; aproximou-se de nós, tomou sobre si a nossa enfermidade, subiu sobre a cruz e ali, no fogo ardente de sua paixão, consumiu e destruiu os nossos pecados. Foi, pois, verdadeiramente nosso amigo, e dele se diz: "Se algum de vós tem um amigo e for ter com ele à meia-noite" (Lc 11,5).

À noite, chamada em latim *nox* porque é nociva aos olhos, é símbolo da tribulação ou da tentação, que obstacula o olho da razão. Da noite Jó diz: "É de solidão aquela noite e não seja digna de louvor" (Jó 3,7). A noite da tentação é "de solidão" quando não encontra consentimento no homem, e "não é digna de louvor" quando o homem não a favorece e não a aprova. Consente à tentação e a aprova aquele que, quando ela se apresenta a acolhe, e, tendo-a acolhido, compraz-se com a imaginação de sua mente. Em tal noite deves ir a Cristo, teu amigo, e dizer-lhe: Amigo, empresta-me três pães".

Os três pães simbolizam a tríplice graça da compunção. A primeira consiste na recordação da própria fragilidade e da própria malícia; a segunda, na consideração do exílio desta vida terrena; a terceira, na contemplação do Criador. Pede que lhe sejam emprestados esses três pães [quem é tentado].

Emprestar quer dizer dar uma coisa com a condição de que seja restituída. Tudo o que temos no âmbito da graça recebemo-lo de Deus e a Ele devemos restituí-lo. "Não a nós, Senhor, não a nós, mas ao teu nome dá a glória" (Sl 113B,1). És pobre, não tens o pão da compunção: pede-o emprestado ao amigo, na condição de restituir-lhe aquilo que dele recebeste.

"Porque um meu amigo acaba de chegar à minha casa de viagem e não tenho nada que lhe dar" (Lc 11,6). O amigo que chegou de viagem representa a nossa alma, a qual, cada vez que sai em busca das coisas temporais, afasta-se de nós: retorna depois quando medita sobre as verdades eternas e deseja recobrar as forças com o alimento celeste. Mas não existe nada para apresentar-lhe, porque à alma, que depois das trevas suspira por Deus, nada mais agrada senão pensar, falar e olhar somente para Deus. Quando recomeça a ver com clareza, a alma faz tudo unicamente para meditar mais profundamente e para chegar à alegria da Trindade, também isso simbolizado nos três pães.

3. Mas o amigo lá dentro deve responder: "Não me sejas importuno, a porta já está fechada e os meus filhos estão deitados comigo" (Lc 11,7). O próprio amigo nosso está dentro e nós, míseros, es-

tamos ainda fora, porque ficamos longe do olhar dos seus olhos, na miséria do presente exílio; estamos fora, e por isso devemos gritar: "Amigo, empresta-me três pães". Pede que lhe sejam emprestados três pães aquele que está oprimido por muitos sofrimentos. Eis que está fora, no coração da noite e na absoluta necessidade de pão; está fora diante da porta fechada, chama e ouve que respondem "Não me sejas importuno!", isto é, não tenho a obrigação de preocupar-me com teus pedidos, porque "a porta já está fechada".

Encontramos algo semelhante no Deuteronômio: "O céu que está por cima de ti seja de bronze e a terra que pisas seja de ferro. Em lugar da chuva, o Senhor mande areia sobre a tua terra e do céu caia cinza sobre ti até que sejas destruído" (Dt 28,23-24). A porta está fechada e o céu torna-se de bronze quando o raio da graça divina já não ilumina a mente do homem, cuja oração já não penetra o céu que para ele tornou-se de bronze. "Puseste uma nuvem diante de ti, para que a nossa oração não passe" (Lm 3,44).

De fato, se o céu fosse de bronze e o sol não desse mais a sua luz e não caísse mais a chuva, os homens seriam envolvidos pelas trevas e todos pereceriam pela seca. Assim acontece também quando a porta ou o céu da graça celeste se fecha, e o pecador permanece nas trevas de sua consciência e fica privado da chuva da compunção; a terra que pisa, isto é, a vida ativa na qual trabalha e sua, torna-se de ferro quando dela não tira algum fruto de consolação, mas só gelo e dureza de mente: o ferro, afinal, é frio e duro.

À terra é dada a areia em vez de chuva quando, em lugar da efusão das lágrimas é dada à infeliz alma a areia dos pensamentos inúteis e frívolos, pelos quais ela fica como que cega. Cai sobre ela a cinza, quando busca só as coisas caducas e que perecem, pelas quais é atormentada e destruída. Quanta dor e quanto sofrimento! Na vida contemplativa nenhuma doçura, na ativa nenhuma consolação, na oração o obscurecimento da mente, nas coisas temporais perversão!

Mas, porventura, deve-se desesperar? Deve-se, porventura, desistir da oração? Não, por certo! E mesmo que a porta da graça celeste esteja fechada, talvez o esteja por nossos pecados, ou esteja fechada com o objetivo de inclinar-nos a implorar e a pedir com maior insistência.

E mesmo que os filhos, quer dizer, que os espíritos angélicos, por meio dos quais Deus infunde os dons de sua graça e manda a consolação nas tribulações, estejam dormindo com Ele, isto é, na paz eterna, pelo fato de não saírem para prestar-nos esse serviço – deles diz o Apóstolo: "Porventura não são todos esses espíritos seus ministros enviados para exercer o seu ministério em favor daqueles que hão de receber a herança da salvação?" (Hb 1,14) – deve-se talvez deixar de pedir o pão? "Não posso, diz, levantar-me para dar-te o pão." Observa a *Glosa*: Não tira a esperança de obter, mas, depois de haver posto em evidência a sua dificuldade, estimula ainda mais o desejo de rezar.

"Mas se o outro perseverar em bater, digo-vos..." Comenta ainda a *Glosa*: Se o amigo levanta-se e lhe dá os pães, não levado pela amizade, mas só pelo desejo de libertar-se daquele aborrecimento, quanto mais generoso será Deus, que, sem se importar com o incômodo, dá na mais larga medida o que lhe é pedido. Por isso, para que a nossa alma, tendo-se convertido da vaidade do erro, não se debilite ainda mais pela falta de aspirações espirituais, pedimos os pães, procuramos o amigo que no-los dê, batemos à porta onde são conservados escondidos. Dá uma grande esperança aquele que não engana com sua promessa. "Levantar-se-á ao menos por causa da importunação", porque a dura fadiga (a obstinação) vence todas as dificuldades, "e lhe dará", com a infusão de sua graça, "os pães que precisar", ainda que não sempre quantos Ele quereria.

II – A insistência na oração

4. "E eu vos digo: Pedi e vos será dado" (Lc 11,9). Diz o Profeta Zacarias: "Pedi ao Senhor as chuvas da tarde e Ele fará cair a neve; dar-vos-á chuvas em abundância e a cada um erva no campo" (Zc 10,1).

Na neve, que é cândida e fria, é representado o brilho da castidade; nas chuvas abundantes, a compunção acompanhada das lágrimas; na erva, a compaixão pelas necessidades dos irmãos, que sempre deve reverdecer no campo de nosso coração. Essas três coisas devemos pedi-las ao Senhor, mesmo que não seja de manhã cedo, ao menos lá pela tarde, isto é, num segundo momento, já que antes de mais nada deveremos procurar o Reino de Deus e sua justiça (cf. Mt 6,33; Lc 12,31). Os mundanos pedem primeiramente as coisas terrenas e por último as eternas, enquanto primeiro deveremos começar pelo céu, onde está o nosso tesouro e onde, por isso, deveria estar também o nosso coração (cf. Mt 6,21; Lc 12,34), e também o nosso pedido.

"Buscai e encontrareis" (Lc 11,9). Diz a esposa do Cântico dos Cânticos: "Levantar-me-ei e percorrerei a cidade; buscarei pelas ruas e praças aquele a quem ama minha alma" (Ct 3,2).

A cidade representa a pátria celeste, na qual há ruas e praças, quer dizer, hierarquias angélicas menores e maiores. Levantando-se, quer dizer, elevando-se das coisas terrenas, a alma anda em volta quando contempla o ardente amor dos serafins para com Deus, quando observa a sabedoria dos querubins em relação a Deus, e assim a respeito das outras ordens angélicas, entre as quais está à procura do seu esposo. Mas já que ele está muito mais no alto do que todos, não o encontra e, portanto, é necessário que ela supere com o olhar da mente as sentinelas, isto é, os espíritos celestes, para poder encontrar seu amado.

"Buscai e encontrareis." Diz Sofonias: "Buscai o Senhor, todos vós humildes desta terra, vós que tendes praticado seus preceitos; buscai a justiça, buscai a mansidão, para ver se podeis achar um abrigo no dia da ira do Senhor" (Sf 2,3). E Amós: "Buscai o Senhor e vivereis. Não busqueis a Betel, nem entreis em Gálgala, nem passeis por Bersabeia" (Am 5,4-5).

Os filhos de Israel tinham fabricado bezerros de ouro e os haviam colocado em Betel, para adorá-los naquele lugar (cf. 1Rs 12,32). No ouro é simbolizado o esplendor da glória temporal, no bezerro, a luxúria da carne. Não procureis estas coisas.

"Nem entreis em Gálgala", que se interpreta "pântano", figura do lodo da luxúria, no qual os porcos se rolam. "Nem passeis por Bersabeia", que se interpreta "sétimo poço", quer dizer, abismo de cobiça, que é absolutamente sem fundo, como o sétimo dia do qual se lê que não tem fim. “Procurai, pois, o Senhor, enquanto pode ser encontrado; invocai-o, enquanto está perto” (Is 55,6).

5. Enfim, continua: “Batei e vos será aberto” (Lc 11,9). Lemos nos Atos dos Apóstolos: “Pedro continuava a bater. Quando, finalmente abriram a porta e o viram ficaram estupefatos” (At 12,16). Pedro, libertado da prisão por ação de um anjo, representa aquele que por meio da graça de Deus é libertado do cárcere do pecado. Este deve bater com perseverança à porta da corte celeste, e então os anjos lhe abrirão, isto é, apresentarão diante do Senhor sua devota oração: e seu espanto, por assim dizer, não é outra coisa senão a alegria que experimentam por um pecador que faz penitência (cf. Lc 15,10).

III – O amor do Pai pelo Filho

6. Sobre o amor do pai pelo filho, diz-se: “Qual é entre vós o pai que, se um filho lhe pedir um pão” (Lc 11,11) etc. Vejamos qual seja o significado destas seis coisas, que se contrapõem entre si, isto é: o pão e a pedra, o peixe e a serpente, o ovo e o escorpião.

O pão, assim chamado porque se põe [à mesa] junto com todos os outros alimentos, simboliza a caridade, que deve acompanhar os outros alimentos das obras boas. “Todas as vossas obras sejam feitas em caridade” (1Cor 16,14). Como sem pão a mesa parece triste, assim sem a caridade as outras virtudes não são nada: elas são perfeitas só unidas à caridade.

A este propósito, lemos no Levítico: “Comereis o vosso pão à saciedade e habitareis na vossa terra sem temor” (Lv 26,5). Aqui, o Senhor promete duas coisas, que teremos de modo perfeito na vida futura: a saciedade da caridade, da qual será repleta a alma, e a paz da terra, isto é, da nossa carne. Todo o cristão, filho da graça, deve pedir a Deus Pai este pão para ser capaz de amar a Deus sobre todas as coisas e o próximo como a si mesmo. Por isso, reza: “Dá-nos hoje o pão nosso quotidiano” (Lc 11,3).

"Porventura lhe dará uma pedra?" (Lc 11,11). Diz Jó: "Uma torrente separa a pedra da escuridão e a sombra da morte do povo viandante" (Jó 28,3-4). A torrente representa a compunção das lágrimas, que separa a pedra da escuridão, isto é, a dureza da mente obscurecida, e a sombra da morte, isto é, o pecado mortal que provém do diabo, cujo nome é morte (cf. Ap 6,8), do povo viandante, isto é, dos penitentes, que se consideram peregrinos neste exílio. Portanto, ao filho que pede a caridade, Deus Pai não dá a dureza do coração, antes a tira. "Tirarei de vós o coração de pedra", que é insensível, "e vos darei um coração de carne" (Ez 36,26), em condições de sentir dor.

"Ou que pede um peixe" (Lc 11,11). O peixe representa a fé nas coisas invisíveis. De fato, como o peixe nasce imerso na água e nela vive e se nutre, assim a fé que se refere a Deus é gerada de modo invisível no coração; é consagrada pela graça invisível do Espírito Santo por meio da água do batismo; é nutrida, para que não desfaleça, com a misteriosa ajuda da proteção divina; realiza todo o bem que lhe é possível em vista dos prêmios invisíveis. Ou também: a fé é comparada ao peixe porque, como ele é continuamente batido pelas ondas do mar, mas não é morto, assim a fé não é quebrada pelas adversidades. Esse peixe, todo o cristão deve pedi-lo a Deus Pai dizendo: Concede-me viver e morrer na fé dos teus apóstolos e da tua Santa Igreja Católica.

7. "Porventura, em vez do peixe dar-lhe-á uma serpente" (Lc 11,11). A serpente é chamada assim porque se aproxima às escondidas, *serpejando*.

As serpentes são frias por natureza, e não atacam senão quando se aquecerem. Alguns afirmam que as serpentes nascem da medula espinhal de um homem morto. Dizem que a serpente morre se lhe jogarem por cima folhas da sarça. Diz-se também que, se a serpente vê um homem nu, tem medo, mas se o vê vestido, ataca-o. E as serpentes gostam muito de vinho e comem a carne e as ervas e sugam os humores do animal ao qual se agarram.

A serpente é o diabo, que se aproxima às escondidas para tentar; ou também a sua perfídia que "serpeja", isto é, anda de lado como o caranguejo. O diabo é frio por maldade inata, mas, inflamado pelo ardor de prejudicar, tenta inocular o veneno da infidelidade (falta de fé) nos fiéis, os únicos que são vivos. Todos os outros, porém, estão mortos, porque assassinados pelo veneno da infidelidade, que nasce do seu próprio coração e floresce para dar a morte também aos outros. Mas sejam dadas graças a Deus que, contra este veneno, deu-nos um remédio: as folhas da sarça. A sarça, que ardia e não se consumia (cf. Ex 3,2), simboliza a humanidade de Cristo, que, coberta pelos aguilhões do sofrimento, queimou no fogo da paixão, mas não se consumiu: "Secou-se como barro cozido o meu vigor" (Sl 21,16). As suas folhas, isto é, as suas palavras, matam a serpente, quer dizer, o diabo e sua perfídia.

O diabo tem medo do homem nu, isto é, do pobre de Cristo, despojado de coisas temporais; mas quando vê o homem vestido, isto é, cobiçoso, cheio de bens terrenos, ataca-o, quer dizer, cerca-o de tentações e, quanto lhe for possível, inocula-lhe o veneno. Ou: o homem nu é aquele que se despojou da veste de sua vontade; dele diz o evangelho: "Deitando fora a capa, levantou-se de um salto e foi ter com Jesus" (Mc 10,50). Quem quer receber a luz e chegar à salvação, antes de mais nada deve lançar para longe a sua vontade. Mas quem quer ficar coberto com a veste de sua vontade, é imediatamente atacado pelo diabo.

Constata-se isso claramente em Adão: enquanto permaneceu na obediência, o diabo teve medo dele: "Ora, os dois estavam nus e não se envergonhavam" (Gn 2,25); mas quando se cobriram com a veste de sua vontade, a serpente os atacou: "Tendo conhecido que estavam nus, coseram folhas de figueira e fizeram para si cinturas" (Gn 3,7).

Igualmente, o diabo gosta muito do vinho da luxúria e da carne, isto é, da carnalidade da gula; de boa vontade engole também as ervas, isto é, o esplendor da glória terrena; e do homem, ao qual se agarra aproveitando do seu consenso, suga e extrai todos os humores, quer dizer, a compunção da mente.

Deus Pai jamais dará tal serpente a um filho seu que lhe pede um peixe; antes, de um infiel faz um fiel e o chama da morte para a vida.

8. "Ou, se o filho lhe pede um ovo" (Lc 11,12) etc. No ovo está simbolizada a certeza de nossa esperança, porque no ovo pode-se ver o feto ainda não perfeito, mas se espera, aquecendo-o, que chegue à maturação. O ovo deriva seu nome do latim *uvidum*, úmido: de fato, no seu interior está cheio de humor. Assim, aquele que nutre a esperança de bens eternos está cheio do humor da devoção.

Lê-se na *História natural* que os ovos diversificam-se entre si pela forma: alguns são pontiagudos, outros arredondados. Os ovos compridos, com uma extremidade aguda, produzem os machos; aqueles arredondados, porém, produzem as fêmeas, e têm as extremidades largas. Existem também os "ovos de vento", pequenos e estéreis, que não produzem nada. Quando, durante a incubação houver trovões, os ovos se estragam.

Nos ovos pontiagudos é indicada a esperança dos bens eternos. Esquecido das coisas passadas, diz o Apóstolo, avanço para as futuras (cf. Fl 3,13). No comprimento e na parte aguda do ovo está simbolizado o desejo que a alma nutre na esperança do reino celeste. De tal ovo nasce um macho, isto é, a vida virtuosa. Ao invés, nos ovos largos e arredondados está simbolizada a esperança dos bens passageiros, se é que pode ser chamada esperança. "Porque, como esperar aquilo que se vê?" (Rm 8,24). Em tais ovos existe precisamente o caminho largo que conduz à morte (cf. Mt 7,13). E ainda: "Ao redor [latim: *in circuitu*] andam os ímpios" (Sl 11,9); "Ó meu Deus, agita-os como uma roda" (Sl 82,14). Desses ovos nasce uma fêmea, isto é, uma vida efeminada.

E tal esperança é obtusa, isto é, obscura, porque prefere as trevas à luz (cf. Jo 3,19). Essa esperança é representada no ovo de vento, porque é volúvel e cheio de vento. De fato, diz Oseias: "Semearam vento: colherão tempestade" (Os 8,7). Qual a semente, tal o fruto, porque quem semeia vaidade colherá condenação. A esperança posta no vento não produz o fruto da caridade; é pequena e mesquinha porque não cresce em Deus; é insípida porque sua sabedoria não é temperada com o divino sabor.

Enfim, quando no início da conversão e da nova vida estouram os trovões, isto é, as tentações da prosperidade ou das adversidades, estas com frequência conseguem estragar os ovos da esperança e dos santos propósitos.

Portanto, o filho da graça deve pedir ao Pai da misericórdia o ovo da esperança dos bens eternos, porque, como diz Jeremias, "bem-aventurado o homem que confia no Senhor: o próprio Senhor será sua esperança" (Jr 17,7).

9. "Porventura o pai lhe dará um escorpião?" (Lc 11,12). Como se deve ter medo do ferrão que o escorpião tem na sua cauda, assim, é um ato contrário à esperança olhar para trás, isto é, para o passado: a esperança é a virtude que se lança para frente, isto é, que aspira aos bens futuros.

O escorpião, que tem a característica de não ferir a palma da mão, lambe-a com a boca, mas nesse meio-tempo, a cauda, na qual existem dois ferrões, fere e inocula o veneno. A palma da mão é chamada assim porque é lisa e não tem pelos. A mão representa a obra boa, a palma, a reta intenção no agir. O pelo na palma ou no olho é a intenção má. Lemos no evangelho: "Se o teu olho [isto é, a tua intenção] é límpido, todo o teu corpo [isto é, o teu operar] será luminoso" (Lc 11,34). O escorpião é o diabo que, enquanto lisonjeia, adula com a sugestão e, no fim, fere com os dois ferrões da cauda: com efeito, na vida presente envenena com o pecado o corpo e a alma, e depois na futura manda ambos para a eterna punição.

Bem-aventurado aquele que na mão de suas obras tem a palma da reta intenção, que o diabo não tem condições de prejudicar. De fato, a palma sem mancha da reta intenção purifica e torna belo o rosto e todo o corpo.

"Portanto, se vós que sois maus" (Lc 11,13) etc. Diante da bondade divina, todas as criaturas são más, porque "ninguém é bom senão Deus somente" (Lc 18,19). A comparação é muito apropriada.

De fato, se o homem pecador, ainda que sob o peso da fragilidade da carne, não se recusa a dar os bens temporais aos filhos que os pedem, com maior razão o Pai celeste dá aos filhos que vivem na terra no seu temor e no seu amor os bens que não perecem no céu. Aquele que é bendito nos séculos digne-se dar também a nós estes bens eternos. Amém.

IV – Sermão moral

10. "Chegaram uns homens de Siquém, de Silo e da Samaria, em número de oitenta, com a barba rapada, rasgadas as vestes, pálidos e macilentos, e traziam nas mãos incenso e ofertas para os apresentar na casa do Senhor" (Jr 41,5).

Assim nos fala Jeremias. Como aqueles homens se juntaram para rezar ao Senhor, assim também nós, nestes dias, reunimo-nos em oração: por isso estes dias são chamados em grego *litanèia* (*ladainhas*, súplicas) e em português *rogações* (do latim: *rogare*, rezar, pedir).

As rogações foram instituídas para rezar ao Senhor e para obter dele alguma coisa. Foram instituídas exatamente por estes dois objetivos: para rezar a Deus que nos perdoe os pecados; com efeito, diz Isaías: "Fazem-me perguntas sobre os juízos da minha justiça; querem aproximar-se de Deus" (Is 58,2); e para obter os benefícios de sua misericórdia, tanto nas coisas espirituais como nas temporais. E, para merecermos receber estes benefícios, nós devemos fazer espiritualmente aquilo que aqueles homens fizeram materialmente.

Os "oitenta" representam todos aqueles que, "nos sete dias" da vida presente, vivem fazendo o bem à espera do oitavo dia, o da ressurreição. Todos são chamados homens (latim: *viri*), porque não realizam obras frívolas ou vãs, mas somente atos de virtude. De fato, o substantivo *vir*, homem, vem da palavra *virtus*, virtude, fortaleza.

Esses homens vêm de Siquém, que se interpreta "fadiga", e de Silo, que se interpreta "onde está ele?", e da Samaria, que se interpreta "lã", termo que deriva do latim: *laniare*, dilacerar, isto é, lacerar, rasgar. Essas três localidades simbolizam as três características que se referem aos bens temporais: conquistam-se com fadiga e esforço; conservam-se com o temor de perdê-los: de fato, o avarento diz sempre: "Onde está ele?", isto é, o dinheiro; perdem-se com grande desprazer: eis a "dilaceração", isto é, o tormento do coração. Deve desprezar todas essas coisas aquele que quer verdadeiramente rezar ao Senhor.

11. "Com a barba rapada." No fato de raspar a barba, está simbolizada a obra virtuosa. Dela diz o salmo: "Como óleo perfumado sobre a cabeça, a escorrer pela barba, a barba de Aarão" (Sl 132,2). Aarão interpreta-se "monte excelso", e representa o homem constante, que estende a mão para coisas excelsas (cf. Pr 31,19), sobre cuja cabeça, isto é, em cuja mente, é derramado o óleo perfumado da graça divina.

Os pugilistas que se preparam para o combate costumam ungir a cabeça. Assim, Deus unge a mente do justo para que seja forte contra o antigo adversário. Esse unguento desce sobre toda a barba, palavra que o salmo diz duas vezes, porque da abundância da graça interior são perfumadas as grandes obras do duplo mandamento da caridade. E raspa-se a barba aquele que nunca presume confiar no valor de suas obras boas. Com efeito, diz Isaías: "Naquele dia, o Senhor rapará a cabeça, o pelo das pernas e a barba toda aos que estão na outra margem do rio por meio de uma navalha afiada", ou tomada de empréstimo (Is 7,20). Do outro lado do rio dos prazeres mundanos estão os penitentes, aos quais o Senhor, com a navalha afiada, ou tomada de empréstimo, de sua paixão rapa toda a presunção e confiança no bem operado. Afinal, quem pode presumir ou se gloriar do bem operado, quando vê o Filho do Pai, fortaleza e sabedoria do Pai (cf. 1Cor 1,24), pregado à cruz, suspenso em meio a dois ladrões?

Na cabeça, nas pernas e na barba estão simbolizados o início, a continuação e a realização da obra boa; e o Senhor rapa tudo isso no penitente quando lhe proíbe confiar ou se gloriar tanto no início como na continuação e na realização da obra boa, porque "quem se gloria, glorie-se no Senhor" (1Cor 1,31; 2Cor 10,17), e não em si mesmo.

12. "Rasgadas as vestes." As vestes simbolizam os membros do corpo. De fato, diz o Apocalipse: "Tens, porém, algumas pessoas em Sardes que não contaminaram as suas vestes" (Ap 3,4), isto é, seus membros. São verdadeiramente poucas em Sardes aquelas pessoas. Sardes interpreta-se "beleza do domínio", e nisso é indicada a virgindade, e quem a conserva possui verdadeiramente a beleza do domínio. Que esplêndido domínio quando o Criador domina o espírito, e o espírito domina a carne!

Rasga suas vestes aquele que não poupa a si mesmo para mortificar o corpo. Diz-se de Jó: "Levantou-se, rasgou sua túnica; tendo raspado sua cabeça, prostrou-se por terra e adorou a Deus" (Jó 1,20). Jó, que se interpreta "sofredor", é figura do penitente que sofre na contrição, levanta-se na confissão, rasga sua túnica, isto é, castiga sua carne para reparar o pecado, raspa a cabeça com a humildade da mente, prostra-se por terra na meditação da morte, e adora a Deus na ação de graças.

"Pálidos e macilentos." O latim diz *squalentes*, esquálidos. A *esqualidez* significa palidez, magreza, sujeira e desnutrição. Os grandes penitentes têm essa *esqualidez*: são pálidos no rosto, magros no corpo, miseráveis nas vestes e sóbrios no comer.

13. "Traziam nas mãos ofertas e incenso." Diz a *História natural* que a mão do homem, que lhe foi dada pelo Criador, está adaptada a qualquer trabalho, por isso é aberta e larga, é articulada em várias partes: pode-se usar só uma parte dela, ou duas e também muitas, conforme as circunstâncias. E a agilidade e as articulações dos dedos dão a capacidade de prender e de reter.

Na mão é simbolizada a atividade caritativa; devemos estender a mão para a utilidade do próximo e, articulá-la, por assim dizer, em muitas partes segundo as necessidades. É usada só uma parte (da mão), quando nos dedicamos só a Deus; são usadas duas partes, quando se fornece ao próximo o alimento da alma e do corpo. A agilidade dos dedos, isto é, a prática das virtudes na vida ativa, realiza duas coisas: toma a graça dada por Deus, portanto, a retém, isto é, conserva-a, para não a perder.

Nessa mão, pois, devemos ter as ofertas da fortaleza, da caridade e da esmola, e o incenso da devoção interior, para que tudo o que fizermos seja feito com devoção.

"Para os apresentar na casa do Senhor." E isso é o que se diz também no Apocalipse: "O fumo dos incensos, com as orações dos santos, subiu da mão do anjo até a presença de Deus" (Ap 8,4). Quem busca o próprio louvor pelas boas obras que pratica não oferece dons na casa de Deus, nem o fumo do incenso sobe à presença do Senhor. Assim, somos instruídos a fazer a oferta de nossas obras na casa do Senhor, na presença dele, isto é, com pura consciência na qual Ele mora, e só dele esperar a recompensa.

Só assim, mediante o ministério dos anjos encarregados de nossa guarda, a nossa devoção subirá a Deus e sua graça descerá sobre nós, para que, finalmente, nós nos tornemos capazes de subir à sua glória.

No-lo conceda Aquele que é bendito nos séculos. Amém.

Ascensão do Senhor

1. Naquele tempo, “Enquanto os Onze estavam à mesa, apareceu-lhes Jesus” (Mc 16,14). Nesse trecho do evangelho, deve-se considerar três fatos: a última aparição de Cristo, o envio dos apóstolos para a pregação, e a ascensão de Cristo ao céu.

I – A última aparição de Cristo

2. A última aparição de Cristo começa assim: “Enquanto os Onze estavam à mesa”. Nota que, depois de sua ressurreição, Jesus apareceu dez vezes aos seus discípulos. Apareceu cinco vezes no próprio dia da ressurreição, como vimos no sermão sobre a ressurreição do Senhor: “Florirá a amendoeira”. Na sexta vez, apareceu a Tomé, junto com os outros discípulos, oito dias depois de ressurgir. A sétima vez foi no Mar de Tiberíades. A oitava vez no monte ao qual os mandara. A nona e a décima vez, neste dia da ascensão.

Neste dia foi a eles em Jerusalém e disse: “Permanecei na cidade até que sejais revestidos da virtude do alto” (Lc 24,49). E porque comeu com eles, deduz-se que havia passado a hora sexta, isto é, o meio-dia: e esta foi a nona aparição.

Depois os levou para fora, ao Monte das Oliveiras, para o lado de Betânia. Elevando as mãos, abençoou-os. E diante de seus olhos elevou-se ao céu, e uma nuvem esplendente o envolveu: e esta foi a décima aparição.

Portanto, “enquanto os onze discípulos estavam à mesa, apareceu-lhes Jesus”. Em latim se diz *recumbentibus*, isto é, enquanto estavam *estendidos* (acomodados) à mesa, segundo o uso do tempo. Observa que Jesus aparece só a quem está estendido na tranquilidade, na paz e na humildade.

De fato, diz Isaías: “Para quem olharei eu, pois, senão para o pobrezinho e contrito de coração e que teme as minhas palavras?” (Is 66,2). Na água turva e agitada não aparece o rosto de quem olha. Se queres que o rosto de Cristo apareça em ti enquanto olhas, estende-te e repousa. “Permanecei na cidade – disse – até que sejais revestidos da virtude do alto.” Permanecer na cidade significa recolher-se na própria consciência e manter-se distante do barulho exterior. De fato, lê-se no Segundo Livro dos Reis que Davi estabeleceu-se na sua casa de cedro e o Senhor deu-lhe trégua com todos os seus inimigos ao redor (cf. 2Sm 7,1-2).

Lê-se na *História natural* que o cedro é uma árvore muito alta, de perfume agradável e de vida longa; com seu perfume põe em fuga as serpentes e tem a particularidade de dar fruto continuamente, no inverno e no verão.

A casa de cedro é a consciência do justo: é alta pelo amor a Deus, de perfume agradável por sua honesta conduta, tem vida longa pela perseverança; com o perfume de sua honestidade, ou de sua oração devota, põe em fuga as serpentes, quer dizer, os impulsos carnais ou os demônios, e quer no inverno da adversidade, quer no verão da prosperidade produz frutos de salvação eterna. Quem mora em tal casa está seguro de todos os inimigos ao redor, isto é, do diabo, do mundo e da carne, e goza da paz, porque se reveste da virtude do alto, e não de baixo, isto é, do mundo. Quem se reveste do poder do mundo é facilmente derrotado na guerra; ao invés, quem se reveste do poder do alto, isto é, da virtude do Espírito Santo, destrói os inimigos e realiza as obras de virtude.

3. “Censurou-lhes a sua incredulidade e dureza de coração, por não terem dado crédito aos que o viram ressuscitado dos mortos” (Mc 16,14). Oh! infelizes aqueles que não creem em Pedro, ao qual Cristo apareceu, e que o viu ressuscitado dos mortos!

Diz Pedro: "Matastes o autor da vida, a quem Deus ressuscitou dos mortos, do que nós somos testemunhas" (At 3,15), "nós que comemos e bebemos com Ele, depois que ressuscitou dos mortos" (At 10,41): e nisso é prefigurada a real ressurreição da carne. Não creem que Cristo tenha ressuscitado dos mortos aqueles que negam a final ressurreição dos corpos. Com efeito, lemos na Primeira Carta aos Coríntios: "E se se prega que Cristo ressuscitou dos mortos, como dizem alguns entre vós que não há ressurreição dos mortos? Pois, se não há ressurreição dos mortos, também Cristo não ressuscitou; e se Cristo não ressuscitou, então é vã a nossa pregação, é também vã a vossa fé" (1Cor 15,12-14). Na final ressurreição dos corpos, Deus repudiará e condenará os incrédulos e os duros de coração, os quais agora não creem que ela acontecerá.

II - O envio dos apóstolos à pregação

4. Os apóstolos são enviados a pregar onde se diz: "Ide por todo o mundo" (Mc 16,15). Há um mandato semelhante também em Isaías: "Ide, mensageiros velozes, a uma nação dispersa e despedaçada; a um povo terrível, o mais terrível de todos, a uma nação que está esperando e é oprimida" (Is 18,2).

O gênero humano foi disperso, expulso da felicidade do paraíso terrestre, foi despedaçado pela perseguição diabólica, cheio de terror pelas penas do inferno ameaçadas à alma, e oprimido em relação ao corpo pela perspectiva da corrupção; e todavia, esperava o Salvador do mundo. A esse povo o Salvador enviou os velozes mensageiros, isto é, os apóstolos obedientes, dizendo: "Ide por todo o mundo e pregai o evangelho a todas as criaturas" (Mc 16,15), isto é, a todo o gênero humano, que tem alguma coisa em comum com cada criatura, com os anjos, com os animais, com as árvores, com as pedras, com o fogo e com a água, com o calor e com o frio, com o úmido e com o seco, porque o homem é um microcosmos, isto é, um pequeno mundo.

"Quem crer", ou seja, quem professar a fé por si mesmo ou por meio de outro, "e for batizado", isto é, perseverar na graça recebida com o batismo, "será salvo; porém, quem não crer, será condenado. E estes serão os milagres que acompanharão aqueles que creem: em meu nome expulsarão os demônios" etc. (Mc 16,16-17).

Naquele tempo, aconteciam os milagres em favor dos infiéis chamados à conversão; agora, porém, já que a fé é adulta, o milagre cessou. Com efeito, também nós, quando plantamos arvorezinhas, regamo-las até que lancem as raízes por terra e se robusteçam.

5. **Sentido moral**. O mundo é chamado assim porque está sempre em movimento (latim: *mundus*, *motus*). Aos seus elementos não é concedido repouso algum. O mundo tem quatro partes: o Oriente, o Ocidente, o Meridião e o Setentrião. Como o mundo consta dessas quatro partes, assim também o homem, que é um pequeno mundo, consta – no dizer dos antigos – de quatro fluidos (índoles) misturados, em justa proporção, num único temperamento.

O mísero homem, do início ao fim de sua vida, está sempre em movimento, e nunca repousa enquanto não chegar ao seu "lugar", isto é, a Deus. De fato, diz Agostinho: "Inquieto está o nosso coração, ó Senhor, enquanto não repousar em ti". "E na paz é o seu lugar" (Sl 75,3). O lugar do homem é Deus, nunca haverá paz senão nele e, portanto, a Ele deve-se voltar.

Os momentos principais da vida do homem são: o oriente do nascimento, o ocidente da morte, o meridião da prosperidade e o setentrião da adversidade. A este mundo devemos ir: "Ide por todo o mundo", para meditar como éreis no momento do vosso nascimento, como sereis no momento da morte; como sois quando vos sorri a prosperidade e como vos comportais quando cai sobre vós a adversidade: observai se aquela vos exalta e esta vos deprime. Dessa quádrupla meditação brota um quádruplo proveito: a desconfiança de si, o desprezo do mundo, o equilíbrio para não se exaltar, a paciência para não se deprimir e se desencorajar.

Portanto, é bom ir por todo o mundo e pregar o evangelho a todas as criaturas. Diz o Apóstolo: "Se alguém está em Cristo é uma nova criatura; passaram as coisas velhas; eis que tudo se fez novo"

(2Cor 5,17). E o salmo: "O povo que há de ser criado, louvará o Senhor" (Sl 101,19); e Isaías: "Eis, vou fazer de Jerusalém uma cidade de júbilo e do seu povo, um povo de alegria. Terei as minhas delícias em Jerusalém, e a minha alegria no meu povo" (Is 65,18-19).

Criar significa fazer alguma coisa do nada. O homem, quando está em pecado mortal, é nada, porque Deus, que verdadeiramente é, não está nele com a graça.

"O homem – diz Agostinho –, quando peca, torna-se um nada"; mas, quando por meio da graça de Deus se converte e faz penitência, é criada nele uma nova criatura, isto é, uma nova e pura consciência. E esta é Jerusalém, isto é, a cidade da paz, que exulta pela misericórdia de Deus que lhe foi dada. É criado também "um povo" de muitos e bons pensamentos e sentimentos, no qual existe o júbilo e o louvor a Deus, provenientes de sua doçura que Ele pregusta. E então, as coisas velhas, quer dizer, as obras e o inveterado comportamento dos cinco sentidos passam, afastam-se e nascem outras novas em Cristo, para que o homem não viva mais para si mesmo, mas para Cristo que morreu por ele (cf. 2Cor 5,15).

Portanto, estas são "todas as criaturas": o homem exterior e interior e a renovação produzida pela graça. A esta criatura devemos pregar o evangelho do reino, isto é, anunciar o bem: a palavra grega "evangelho" significa precisamente "bom anúncio" em latim.

Anuncia o bem a toda a criatura aquele que interior e exteriormente se orna de virtudes. Prega o evangelho do reino aquele que, no segredo do seu coração, considera quão grande será a glória de contemplar, juntos com os espíritos bem-aventurados, o rosto do Criador, louvá-lo sem fim junto com eles, viver sempre com Ele que é a vida, e gozar perenemente de uma felicidade inexprimível.

Desta pregação provêm dois resultados: "Quem crer e for batizado". Crer, quer dizer "dar o coração" (latim: *credo, cor do*). Meu filho, diz Jesus, dá-me o teu coração! (cf. Pr 23,26). Quem dá o coração, dá tudo. Por isso, crê aquele que com a devoção do seu coração se submete totalmente a Deus; é batizado quando se inunda de lágrimas ou pela doçura da contemplação divina, ou pela lembrança da própria iniquidade, ou então pela compaixão que experimenta diante da necessidade dos irmãos. "Mas quem não crê" não dá o coração a Deus, e se não o dá a Deus, necessariamente dá-lo-á ao diabo, ou à carne, ou ao mundo. E quem tiver feito isso, "será condenado".

6. "E estes são os milagres que acompanharão aqueles que creem." O milagre é chamado em latim *signum*, sinal. Os sinais acompanharão aqueles que deram o coração a Deus, porque no seu coração já existe o *sinal* de que fala o Cântico dos Cânticos: "Põe-me como um sinal sobre o teu coração" (Ct 8,6).

Quando queremos defender dos ladrões uma propriedade nossa, a nossa casa ou os nossos bens, costumamos colocar neles um sinal, uma marca, como a bandeira do rei ou de algum poderoso, para que, vendo-o, os ladrões não ousem penetrar ali. Assim, se queremos defender dos demônios o nosso coração, sobre ele, como sinal, colocamos Jesus, que é a salvação: onde há salvação existe incolumidade.

E eis os sinais, os milagres: "Em meu nome expulsarão os demônios" (Mc 16,17). "Demônios" é um termo tomado da língua grega. Em grego *dàimon* significa "experiente", "perito", que conhece as coisas. Os demônios representam a sabedoria da carne e a astúcia do mundo, as quais, à semelhança de demônios, atormentam o homem, o espírito do homem e com insistência afligem seu corpo.

A sabedoria da carne simboliza o demônio noturno, a astúcia do mundo, o demônio meridiano. A sabedoria da carne é cega, mesmo que esteja convencida de que vê muito bem: mas ela tem a vista aguda só durante a noite, como o gato. A astúcia do mundo, já que arde com o calor da malícia, é como o sol ao meio-dia. Quem deu o coração a Deus, expulsa de si esses demônios e fará ainda todos os outros sinais de que fala o evangelho.

"Falarão novas línguas" (Mc 16,17). A língua do mundo é uma língua velha, porque diz coisas velhas do homem velho. Aqueles que são atormentados pelos supramencionados demônios, falam essa língua; mas, quando os expulsam de si, falam línguas novas na novidade de sua vida. De fato, diz Isaías: "Naquele dia haverá cinco cidades na terra do Egito, que falarão a língua de Canaã, e que jurarão pelo Senhor dos exércitos: a primeira chamar-se-á cidade do Sol" (Is 19,18).

A terra do Egito, nome que significa "trevas", representa o corpo do homem, coberto pelas trevas da culpa e dos castigos: nele há cinco cidades, isto é, os cinco sentidos do corpo, o primeiro dos quais, isto é, a vista, é chamado "Cidade do Sol", porque, como o sol ilumina todo o mundo, assim a vista ilumina todo o corpo. Essas cidades falam a língua de Canaã, que significa "mudada": pela mudança realizada pela destra do Altíssimo (cf. Sl 76,11), despojam-se do homem velho com as suas ações e vestem o homem novo, vivendo na justiça e na verdade (Ef 4,24; Cl 3,9).

Como ao falar leva-se para o exterior a palavra que está escondida no coração, assim os cinco sentidos do homem, já mudados e convertidos para Deus, falam dele no exterior como o fizeram no interior, e é precisamente nisso que consiste jurar: afirmar a verdade. De fato, afirma-se e se confirma a verdade da consciência com o testemunho de uma vida santa, para o louvor do Senhor dos exércitos, isto é, do Senhor dos anjos.

E acrescenta-se ainda: "Pegarão as serpentes" (Mc 16,18), nas quais são simbolizadas a adução e a detração, que andam serpejando às escondidas e inoculam o veneno. O adulador anda serpejando e o detrator inocula o veneno. Aqueles que falam línguas novas, expulsam de si estas serpentes: "Afastem-se de vossa boca as coisas velhas" (1Sm 2,3). A saliva do homem em jejum mata a serpente; língua em jejum, isto é, mortificada, é como uma língua nova, cujo contraveneno anula o veneno.

Mas a antiga serpente, por assim dizer, adulava Eva quando lhe dizia: "Simplesmente não morrereis!", e quase caluniava a Deus dizendo: "Deus sabe que no dia em que comerdes da árvore proibida, abrir-se-ão os vossos olhos e sereis como deuses, conhecendo o bem e o mal" (Gn 3,4-5). Como se dissesse: Deus vos proibiu isso porque é invejoso, e não quer que vos torneis semelhantes a Ele na ciência. Eis como a adulação avança serpejando, e a detração inocula o veneno. Porém, quem tem a língua em jejum, cuspa na boca da serpente e a mate, e assim a expulse de si.

7. Ainda: "Se beberem algum veneno não lhes causará dano" (Mc 16,18). Diz a *Glosa*: Quando ouvem as pestíferas sugestões diabólicas, é como se bebessem alguma coisa mortal, mas que não lhes causa dano, porque não as levam à execução. E diz Isaías: "Não beberão mais vinho cantando; qualquer bebida será amarga para os que a beberem" (Is 24,9), e, portanto, não lhes causará dano. Não bebe, cantando, o vinho da sugestão diabólica aquele que não consente nela, antes a rejeita, sofre e a chora; e, portanto, a própria bebida, isto é, a sugestão do diabo, é amarga para aqueles que a bebem, isto é, para aqueles que a percebem e são constrangidos a sofrê-la. Ao contrário, Joel diz: "Despertai, ó ébrios, chorai e soltai lamentos vós todos que bebeis o vinho do prazer, porque ele foi tirado da vossa boca" (Jl 1,5).

E assim acontece exatamente ao pé da letra, porque o prazer do vinho desaparece imediatamente da boca, assim que ele desce pela garganta. Quantos males ocasiona um brevíssimo prazer àquele que, com o consenso da mente e das obras, bebe o vinho da sugestão diabólica! Aos beberrões desse vinho se diz: "Levantai-vos!" na lembrança do vosso pecado, "chorai" na contrição do coração, "lançai lamentos" na confissão.

Quem tiver realizado em si os quatro sinais dos quais falamos, por certo poderá fazer também o quinto em favor do próximo: "Imporão as mãos sobre os doentes e serão curados" (Mc 16,18). Doente se diz em latim *aeger*, que soa como *egens*, necessitado, porque tem necessidade de um remédio, de uma medicina. O doente é o pecador que verdadeiramente tem necessidade da medicina, isto é, do exemplo das boas obras. E impõe as mãos sobre ele para que se sinta melhor, isto é, para que retorne à penitência, Aquele que não só o encoraja com a palavra da pregação, mas também o sustenta com o exemplo da vida santa. Amém.

III – A ascensão de Jesus ao céu

8. "E o Senhor Jesus", que havia descido do céu, "depois de lhes ter falado, elevou-se ao céu" (Mc 16,19). Encontramos a concordância nos Provérbios de Salomão: "Quem subiu ao céu, e desceu dele? Quem reteve o espírito (vento) nas suas mãos? Quem envolveu as águas como num manto? Quem firmou todos os limites da terra? Qual é o seu nome, e qual é o nome de seu filho, se é que o sabes?" (Pr 30,4).

Presta atenção às três palavras: reteve, envolveu, firmou. O filho de Deus Pai, Jesus Cristo, desceu do céu e assumiu nossa carne mortal, e subiu depois ao céu exatamente com ela, tornada imortal: lá de cima enviou o Espírito da graça septiforme, que Ele reteve nas mãos de seu poder. E é assim, porque o dá a quem quer e quando quer, e o retém como quer. De fato, diz Jó: "Nas suas mãos esconde a luz e manda-lhe que torne de novo. Faz conhecer a quem lhe é amigo que ela é posse sua e que pode aproximar-se dela" (Jó 36,32-33). A quem é amigo de Deus é manifestada por vezes uma certa luz na consciência, uma luz de alegria interior, como um luzeiro que, retido entre as mãos, se vê e se oculta arbitrariamente daquele que o retém: e isso para que o ânimo se inflame para chegar à posse da luz eterna e à herança da plena visão de Deus. Do mesmo modo, o Filho de Deus retém, isto é, freia as águas, quer dizer, a concupiscência carnal, no manto, isto é, no corpo, do qual a alma está coberta como de uma veste. Diz Jó: "Hei de ser consumido como a podridão, como uma veste que é consumida pela traça" (Jó 13,28). A traça nasce da veste e depois a corrói: a corrupção nasce do corpo e depois o destrói. O Filho de Deus retém nessa veste os instintos dos sentidos com o laço do amor e a corda do temor, para que não saiam as águas da concupiscência carnal, e assim desperta para a penitência e para a glória eterna todos os limites da terra, isto é, aqueles nos quais a condição terrena se concluiu.

Por isso, "elevou-se ao céu", para levantar consigo a terra e fazê-la céu; de fato, o Pai lhe diz, por boca de Isaías: "Pus minhas palavras na tua boca, protegi-te com a sombra de minhas mãos, a fim de que tu plantes os céus, fundes a terra e digas a Sião: Tu és o meu povo" (Is 51,16). E o próprio Filho diz: "Aquele que me enviou é verdadeiro e eu digo ao mundo o que ouvi dele" (Jo 8,26). Na hora da paixão, o Pai o protegeu à sombra da mão de seu poder, porque prestou-lhe conforto no momento em que mais enfurecia a crueldade dos judeus. Diz o salmo: "Estendeste a tua mão sobre a minha cabeça no dia da batalha" (Sl 139,8), na qual, com as mãos pregadas na cruz, destruí as potências do ar. Ele plantou os céus, isto é, a divindade, sobre a terra de nossa humanidade e fundou a terra de nossa humanidade no céu, isto é, lá a estabeleceu para sempre.

E então conclui: "E está sentado à direita de Deus" (Mc 16,19). E no salmo: "Disse o Senhor", o Pai, "ao meu Senhor", isto é, a seu Filho: "Senta-te à minha direita" (Sl 109,1): quer dizer: Repousa-te e reina comigo sobre os bens mais preciosos. O próprio Jesus, participante de nossa natureza, torne também a nós participantes destes bens, Ele que é bendito nos séculos. Amém.

IV – Sermão alegórico

9. "Atravessei o Jordão só com o meu bastão; e agora volto com duas tropas" (Gn 32,10). Jacó disse estas palavras quando voltava da Mesopotâmia para a sua terra natal. Podem muito bem ser atribuídas a Cristo, que desta terra retorna ao Pai, e cujo bastão foi a cruz.

Lemos no Primeiro Livro dos Reis: "O filisteu disse a Davi: Porventura eu sou algum cão, para vires contra mim com um bastão"? (1Sm 17,43). O filisteu, nome que se interpreta "cai por ter bebido", ou ainda "dupla ruína", representa o diabo que, bêbedo de soberba, caiu do céu, e depois fez cair o homem na dupla ruína da alma e do corpo. É chamado cão porque, com suas sugestões, late contra os inocentes e não reconhece o patrão, isto é, o seu Criador; o nosso Davi, Cristo, para combater por nós contra ele, enfrentou-o com o bastão da cruz. Eis por que, no mesmo Livro dos Reis, diz-se pouco acima: "Davi tomou seu bastão, que trazia sempre na mão, escolheu na torrente cinco pedras bem lisas, colocou-as na sacola de pastor que trazia consigo, tomou a funda na mão e saiu contra o filisteu" (1Sm 17,40).

Eis as armas com as quais Jesus Cristo matou o nosso inimigo. Cristo sempre teve nas suas mãos o bastão da cruz: antes da paixão teve-o nas obras, na paixão foi pregado a ela pelas mãos, depois da paixão conservou nas suas mãos as feridas, para mostrá-las ao Pai por nós. De fato, diz Isaías: "Eis que eu te escrevi nas minhas mãos" (Is 49,16).

Observa que para escrever alguma coisa são necessários ao menos três instrumentos: o papel, a caneta e a tinta. O papel foi a mão de Cristo, a caneta, o prego e a tinta, o seu sangue. Sua escrita fornece a prova de nossa libertação, contesta o inimigo e reconcilia-nos com Deus Pai.

As cinco pedras bem lisas representam as cinco chagas de Jesus Cristo, que Ele tomou na torrente de nossa humanidade. A sacola de pastor representa o amor, com o qual nos amou até o fim: "O bom pastor – diz-se – dá a sua vida por suas ovelhas" (Jo 10,11). Pôs nessa sacola as cinco pedras bem lisas, porque, pelo amor que nutria por nós, recebeu sobre si as cinco chagas, que se tornaram bem lisas, isto é, puras e luminosas. A funda, que tem duas tiras de couro de igual largura, representa a imparcialidade da justiça, pela qual condenou o diabo e arrancou de suas mãos o gênero humano. Com efeito, foi justo e legítimo que o diabo perdesse o poder que tinha sobre o gênero humano, sobre o qual presumia ter algum direito, ele que ousou estender a mão sobre Cristo, sobre o qual certamente direitos não tinha. "Vem o príncipe deste mundo, mas sobre mim não tem poder algum" (Jo 14,30), porque "entre os mortos eu estou livre" (Sl 87,6): todavia, Cristo passou através da morte, para libertar os mortos. De fato, diz: "Com o meu bastão atravessei este Jordão". "Beberá da torrente no caminho, por isso levantará a sua cabeça" (Sl 109,7). Sobre o "bastão" da cruz, sozinho, pobre e nu, passou da margem de nossa mortalidade, da nossa condição mortal, para aquela da sua imortalidade, através do rio do juízo – isso significa o nome Jordão –, quer dizer, através do derramamento de seu sangue com o qual julgou o diabo, isto é, condenou-o e destruiu seu poder.

10. E quão grande vantagem tenha chegado a nós dessa sua passagem, compreende-se quando acrescenta: "E agora", isto é, hoje, "retornou com duas tropas". A sua partida do Pai, o seu retornou ao Pai, a sua descida aos infernos e a sua ascensão até o trono de Deus, eis o "círculo (o anel) posto nas narinas de *Beemot* (hipopótamo) (cf. Jó 40,10.21) e de Senaquerib" (2Mac 15,22), ao qual o Senhor diz: "Eu te porei, pois, uma argola nas narinas e um freio nos lábios, e te farei voltar pelo caminho por onde vieste" (Is 37,29). Cristo, sabedoria do Pai, que, como o círculo, não tem princípio nem fim, saindo do Pai e ao Pai retornando, reunindo em si mesmo todas as coisas e fechando-as no seu coração, desmascarou a perfídia do diabo, representada nas narinas. De fato, como por meio das narinas percebemos as coisas a distância, assim o diabo, com a agudez de sua astúcia (perfídia) compreende a qual vício um homem está especialmente inclinado; e, portanto, esforça-se por capturá-lo com aquele.

No freio há dois elementos: o ferro e a rédea; o ferro é posto na boca do cavalo, com a rédea ele é freado e guiado. Na sua paixão, com os pregos e com a rédea de sua humanidade, Cristo fabricou um freio com o qual domar e frear o diabo, para que não corresse à vontade, mas voltasse para trás pelo caminho pelo qual viera. Viera por meio de Eva, de Adão e do fruto da árvore proibida: mas teve de voltar para trás, e aquilo que havia roubado com a astúcia, perdeu-o por obra de Maria, por obra de Cristo e por meio do lenho da cruz; com esse lenho passou o nosso Jacó, que derrotou o diabo e hoje retornou ao céu com duas tropas.

Jacó dividiu em duas tropas todas as pessoas que estavam com ele (cf. Gn 32,7): as escravas e seus filhos eram a primeira tropa; na segunda, as mulheres livres, ou seja, Lia e Raquel e seus filhos. Essas duas tropas simbolizam a Igreja, formada de dois povos: do povo dos pagãos, indicado nas escravas, e do povo judaico, indicado nas pessoas livres, por ter dado ao mundo o conhecimento de Deus e sua lei.

Essa Igreja, Cristo a conquistou com muitos sofrimentos, na Mesopotâmia, isto é, no mundo, e a levou consigo hoje retornando ao céu, já que levou consigo a sua fé e a sua devoção, para que seu coração e sua vida não estivessem mais na terra, mas no céu (cf. Fl 3,20). E ao céu faça chegar também nós, Aquele que é bendito nos séculos. Amém.

V – Sermão moral

11. "Com o meu bastão." Vejamos o significado moral dessas quatro coisas: o bastão, o Jordão e as duas tropas.

No bastão está simbolizada a prática da penitência, da qual se fala no Gênesis, quando Judá [filho de Jacó] disse a Tamar: "Que queres tu que eu te dê por penhor? Respondeu Tamar: O teu anel, o bracelete e o cajado que tens na mão" (Gn 38,18). Judá é Cristo que, segundo o Apóstolo, pertence à tribo de Judá. Tamar, nome que se interpreta "mudada", ou "amarga", ou também "palmeira", é a alma que mudou e passou do mal para o bem; amarga por causa da penitência que pratica para um dia ser palmeira na glória. De fato, lê-se em Jó: "Morrerei no meu pequeno ninho", isto é, na humildade e na tranquilidade da consciência, "e multiplicarei os meus dias como a palmeira" (Jó 29,18). Porém, nessa tríplice interpretação pode também ser representado o tríplice estado dos incipientes, dos proficientes e dos perfeitos.

Portanto, Cristo diz à alma: "O que queres ter por penhor?" Penhor em latim se diz *arrabo*, que soa como *arra boa*, garantia boa: o penhor é aquilo que se dá como garantia. Para estar segura das promessas, a alma pede um bom penhor, isto é, o anel, o bracelete e o cajado.

No anel está simbolizada a fé *formada* [a fé unida à graça e à caridade]. Lemos em Lucas: "Pondo-lhe o anel na mão" (Lc 15,22). A *Glosa*: O anel é o sinal da fé, com o qual são marcadas as promessas no coração dos fiéis. "Dai-lho na mão, isto é, nas obras, para que a fé se manifeste nas obras, e as obras testemunhem a fé."

No bracelete – em latim *armilla*, de *armus*, úmero, a parte superior do braço –, que é redondo e se leva ao pulso, é indicada a obra de caridade que faz estender o braço para carregar o peso do irmão em necessidade, e o faz pôr sob o úmero, ou o ombro, para socorrê-lo (cf. Gn 49,15).

O cajado, com o qual alguém se defende do cão, e no qual se apoia para não cair, é indicada, como já se disse, a prática da penitência, com a qual a alma se defende dos apetites da carne e se escora para não cair no pecado mortal.

Nessas três coisas está compreendida toda a justiça, que consiste no dar a cada um o seu, isto é, o anel da fé a Deus, o bracelete da caridade ao próximo e a prática da disciplina a si mesmo.

12. Do bastão se diz: "Atravessei este Jordão com o meu bastão". Jordão interpreta-se "descida" ou também "apropriação das coisas", isto é, das coisas transitórias deste mundo. Quem quer apropriar-se delas, é obrigado a abaixar-se, isto é, descer do seu estado de justiça, da tranquilidade da consciência e da doçura da contemplação. Porque, como diz Gregório, quem se apoia em alguém que escorrega, necessariamente escorrega com ele. Porém, bem-aventurado quem pode dizer: Com a prática da penitência passei da margem da vaidade do mundo para a margem da familiaridade celeste; atravessei este Jordão, isto é, ultrapassei tudo aquilo que é transitório e caduco.

Diz o Gênesis: "Jacó atravessou o vau do Jaboc; transportadas todas as coisas que lhe pertenciam, ficou sozinho" (Gn 32,22-23). Jaboc interpreta-se "torrente de pó", e representa as coisas temporais que, como a torrente, abundam no inverno da miséria desta vida, mas secam no verão, quer dizer, quando chega a chama da morte ou do último juízo. As coisas temporais, como o pó, cegam os seus amantes. O pó é chamado em latim *pulvis*, porque é varrido (*pulsa*) pela força do vento. Assim, estas coisas temporais são varridas pelo vento da adversidade e roubadas pela morte. Mas Jacó, isto é, o justo, vencedor do mundo, passa além das coisas temporais, para não passar com elas, para que nada do que é seu ali fique, mas transfere para o outro lado tudo aquilo que lhe pertence. E o que pertence ao justo senão a humildade, a caridade, a castidade e as outras virtudes? Quem transfere essas coisas consigo, fica sozinho, isto é, estranho ao ruído do mundo, distante do tumulto dos pensamentos e dos assaltos dos demônios. Bem-aventurado aquele que passa assim, porque na hora da morte poderá dizer: "E agora eu volto com duas tropas".

Com efeito, isso concorda com o que está escrito no Cântico dos Cânticos: "Todas elas deram gêmeos e nenhuma ficou estéril" (Ct 4,2). E de novo: "Os teus seios são como dois filhotes gêmeos de uma gazela, que pastam entre os lírios, até que chegue o frescor do dia que termina e se alonguem as sombras" (Ct 4,5-6).

A gazela – chamada em latim *caprea*, porque assume as coisas difíceis (*ardua capiens*) – tem a vista aguda, escolhe as ervas que deve comer e se lança para as alturas. A gazela representa a alma do justo que, com o desejo do céu, alcança as coisas difíceis, e por isso se eleva até elas; tem muito agudo o olhar da fé, escolhe as ervas dos pastos eternos com os quais se nutre; e seus dois seios são o duplo sentimento despertado pela caridade, de cujo leite e doçura nutre a si mesma e ao próximo.

Estes são os dois gêmeos, os dois pequenos cervos ou os dois corços que pastam entre os lírios: o sentimento da caridade divina pasta entre os lírios, isto é, na castidade da mente e do corpo, ou seja, na alegria da contemplação; o sentimento da caridade fraterna pasta entre os lírios, quer dizer, na luz da boa reputação.

E por quanto tempo pastarão assim? Até que raiar o dia do eterno esplendor e declinarem as sombras da cegueira presente. Portanto, diga o justo: "É agora", isto é, no fim da minha vida, "com duas tropas", quer dizer, com os méritos da vida ativa e da contemplativa, "retornarei" à pátria celeste.

A esta pátria faça chegar também nós, Aquele que é bendito nos séculos. Amém.

Com efeito, isso concorda com o que está escrito no Cântico dos Cânticos: [illegible]

[illegible]

[illegible]

Natal do Senhor

1. Naquele tempo, "Saiu um edito de César Augusto, para que se fizesse o recenseamento de todo o mundo" (Lc 2,1). Neste evangelho devem ser considerados três eventos: o recenseamento do mundo, o nascimento do Salvador e o anúncio do anjo aos pastores.

Com o auxílio de Deus, apresentaremos brevemente e com clareza cada um dos três acontecimentos.

I – O recenseamento do mundo

2. Recenseamento do mundo: "Saiu um edito". Observa que nesta primeira parte diz-se, em sentido moral, que quem verdadeiramente quer arrepender-se dos pecados cometidos, antes de tudo deve "fazer o recenseamento", "descrever", como diz o evangelho, com a contrição toda a sua vida e, depois, aproximar-se da confissão.

Portanto, diz: "Saiu um edito de César Augusto". César, que se interpreta "senhor do poder", e Augusto, "em atitude solene", representa Deus onipotente, Senhor de toda a criação: "Minha mão fez tudo isso" (Is 66,2); e "debaixo dele curvam-se os que sustentam o mundo" (Jó 9,13), isto é, o peso do mundo, isto é, os prelados da Igreja e os príncipes do mundo. Deus está em atitude solene porque, como diz Daniel: "milhares de milhares o serviam e mil milhões o assistiam" (Dn 7,10).

Diz-se que alguém *está de pé* quando está pronto a ir em auxílio dos seus; mas que *está sentado* quando exerce o juízo: em ambas as posições é nobre, solene, majestoso.

Este nosso "imperador" publica cada dia um edito por meio de seus pregoeiros, isto é, os pregadores da Igreja, para que o mundo todo seja recenseado.

O mundo é chamado também orbe, do latim *orbis*, círculo, precisamente por sua rotundidade: de fato, cercando-o de todos os lados, o oceano toca ao redor os seus limites. A vida do homem é um *orbe*, isto é, semelhante a um círculo: por isso, no Gênesis lhe é dito: És terra e à terra voltarás (cf. Gn 3,19).

O homem deve recensear, deve descrever todo esse círculo, repensando na amargura de sua alma sobre o que cometeu na infância, na adolescência, na juventude e também na velhice. E observa que diz "todo" o círculo, para indicar que deve descrever os pecados cometidos com o coração, com a boca, com as ações, e os pecados de omissão, e suas circunstâncias: e isso é indicado pelo fato de não dizer "escrever", mas "descrever", que significa escrever os vários modos e os vários lugares do pecado.

"Este foi o primeiro recenseamento, quando Quirino era governador da Síria" (Lc 2,2).

Quirino, que se interpreta "herdeiro", é figura do penitente, herdeiro de Deus e coerdeiro de Cristo (cf. Rm 8,17), que diz: "A minha herança é excelente" (Sl 15,6). O penitente faz o primeiro recenseamento de seus pecados quando, em primeiro lugar, procura diligentemente, com profunda contrição, aquilo que cometeu e o que omitiu. Ele é o governador da Síria, nome que significa "altura", isto é, a altura da soberba e da arrogância. Diz Jó do diabo: "Ele vê todas as coisas altas, e é o rei de todos os filhos da soberba" (Jó 41,25). Que poder é mais digno de louvor do que aquele que alguém exerce sobre si mesmo e humilha a própria soberba?

3. "E todos iam" (Lc 2,3). Eis o justo procedimento que deve ser seguido no arrependimento: primeiro recensear todos os próprios pecados e depois ir para a confissão. "Iam todos recensear-se" (Lc 2,3). Mas ai!, quão poucos são hoje os que vão! Por isso, lamenta-se Jeremias: "Os caminhos de Sião choram, porque não há quem vá para a solenidade" (Lm 1,4).

Mas "José" – isto é, o verdadeiro penitente, "da casa e da família de Davi" (Lc 2,4), o rei que verdadeiramente se arrepende e a cuja casa o Senhor prometeu: "Naquele dia haverá uma fonte aberta para a casa de Davi" (Zc 13,11) – este "José" foi. A fonte da misericórdia divina brota para a comunidade dos penitentes, "para a purificação do pecador e da mulher impura" (Zc 13,1), isto é, lava neles tanto os pecados claros como os ocultos.

"José subiu da Galileia" – nome que significa "roda" (vicissitude) e indica a mencionada descrição da própria vida –, "da cidade de Nazaré" (Lc 2,4), que significa "flor". À flor segue o fruto: é por meio da flor que se chega ao fruto. Assim também à contrição deve seguir a confissão: por meio da contrição chega-se ao fruto da confissão, isto é, à absolvição e à reconciliação.

E observa que José subiu "para recensear-se junto com Maria, sua esposa, que estava grávida" (Lc 2,5). Maria interpreta-se "mar amargo", e simboliza a dupla amargura com a qual o penitente deve subir para a Judeia, isto é, para a confissão, na qual está a cidade de Davi "que se chama Belém" (Lc 2,5), isto é "casa do pão". E esta simboliza o alimento das lágrimas: "As minhas lágrimas foram o meu pão" (Sl 41,4).

Com tudo isso concordam as palavras de Isaías: "Pela subida de Luit subirá cada um chorando, e pelo caminho de Horonaim irão dando gritos de aflição" (Is 15,5). Eis o mar amargo. Luit interpreta-se "face" ou "maxila", Horonaim, "saída de sua tristeza". Aquele que chora, isto é, o penitente, sobe para a confissão todo banhado de lágrimas, que de suas faces sobem a Deus, como diz o Eclesiástico: "Não correm as lágrimas da viúva pelas suas faces e não clama ela contra aquele que lhas fez derramar? Por que elas sobem das faces até o céu, e o Senhor que a ouve não gostará de vê-la chorar?" (Eclo 35,18-19). A saída da tristeza é a dor do coração contrito, da qual deve brotar o grito da confissão, que o penitente deve elevar para confessar tudo com sinceridade e clareza.

4. Observa ainda que José subiu com Maria, que estava grávida. A alma, amargurada pela dupla dor dos seus pecados, está como que

impregnada pelo temor de Deus, como diz Isaías: "Assim como a mulher grávida, quando se aproxima o parto, sofre e grita de dor, assim somos nós, Senhor, diante de tua face" ou, segundo uma outra tradução, "por medo de ti"; "ó Senhor, nós concebemos, temos sofrido as dores do parto e temos dado à luz o espírito de salvação" (Is 26,17-18). A face de Cristo, quando vier para o juízo, impregna a alma de temor, a fim de que conceba e dê à luz o espírito de salvação.

II – O nascimento do Salvador

5. "E aconteceu que estando eles ali..." (Lc 2,6). Ali, onde? Na casa do pão: também Maria é a casa do pão. O pão dos anjos transformou-se em leite para as crianças, a fim de que as crianças se tornassem anjos. "Deixai que as crianças venham a mim" (Mc 10,14) para que chupem e se saciem na abundância de sua consolação (cf. Is 66,11).

Observa que o leite é de sabor doce e de aspecto agradável. Assim Cristo, como diz o "Boca de Ouro" (João Crisóstomo), atraía a si os homens com sua doçura como o diamante[2] atrai o ferro; ele afirma de si mesmo: "Quem me come terá mais fome e quem me bebe terá mais sede" (Eclo 24,29); e é também de aspecto encantador, pois os anjos desejam fixar nele o olhar (cf. 1Pd 1,12).

"Completaram-se para ela os dias do parto" (Lc 2,6). Eis a plenitude dos tempos (cf. Gl 4,4), o dia da salvação (cf. 2Cor 6,2), o ano da benevolência (cf. Sl 64,12). Da queda de Adão até o advento de Cristo foi um tempo vazio; daí que Jeremias diz: "Olhei para a terra e eis que estava vazia e como que sem nada" (Jr 4,23), porque o diabo havia destruído todas as coisas; foi dia de dor e de doença; como diz o salmo: "Sempre estiveste perto do leito de sua dor" (Sl 40,4); foi ano de maldição, e diz o Gênesis: "Maldita seja a terra por aquilo que fizeste" (Gn 3,17). Mas hoje "completaram-se os dias do parto". Da plenitude desse dia nós todos temos recebido (cf. Jo 1,16). E o salmo: "Seremos cheios dos bens de sua casa" (Sl 64,5).

---

2. Aqui o santo usa o termo *adamas*, que vem do grego e significa *indomável*; portanto, o ferro mais duro, o aço. Plínio traduz *diamante*.

A ti, ó Bem-aventurada Virgem, seja dado louvor e glória, porque hoje fomos cheios dos bens de tua casa, isto é, do teu seio. Nós que antes estávamos vazios, agora estamos cheios; nós que antes estávamos doentes, agora estamos sãos; nós que antes éramos malditos, agora somos benditos, porque, como diz o Cântico dos Cânticos: "Aquilo que provém de ti é o paraíso" ó Maria! (Ct 4,13).

6. Continua o evangelista: "Deu à luz o seu filho primogênito" (Lc 2,7). Eis a bondade, eis o paraíso! Correi, pois, ó famintos, ó avarentos, ó usurários, vós a quem agrada mais o dinheiro do que Deus, correi e "comprai sem dinheiro e sem troca alguma" (Is 55,1) o trigo e o grão que hoje a Virgem tirou do tesouro do seu seio. Deu, pois, à luz o filho. Que filho? O Filho de Deus, o próprio Deus. Ó tu, mulher mais feliz do que qualquer outra, que tiveste o filho em comum com Deus Pai! De que glória resplandeceria uma mísera mulher se tivesse um filho de um imperador deste mundo? Muito maior é a glória de Maria que partilhou o Filho com Deus Pai.

"Deu à luz o seu Filho." O Pai deu a divindade, a Mãe, a humanidade; o Pai deu a majestade, a mãe, a enfermidade. "Deus à luz o seu Filho", o Emanuel, isto é, "Deus conosco" (cf. Mt 1,23): quem, pois, será contra nós? (cf. Rm 8,31).

Diz Isaías: "E pôs sobre sua cabeça o capacete da salvação" (Is 59,17). O capacete é a humanidade, a cabeça é a divindade; a cabeça está escondida sob o capacete, a divindade está escondida sob a humanidade. Portanto, não há o que temer: a vitória está do nosso lado, porque conosco está um Deus armado. Graças sejam dadas a ti, ó Virgem gloriosa, porque por teu intermédio Deus está conosco.

"Portanto, deu à luz o seu filho primogênito", isto é, gerado pelo Pai antes de todos os séculos; ou também primogênito entre os mortos (cf. Cl 1,18), ou primogênito entre muitos irmãos (cf. Rm 8,29).

7. "Envolveu-o em faixas e o depôs numa manjedoura" (Lc 2,7). Ó pobreza, ó humildade! O Senhor de todas as coisas é envolvido em

faixas, o rei dos anjos é reclinado num estábulo. Envergonha-te, ó insaciável avareza! Desaba, ó humana soberba!

"Envolveu-o em faixas." Observa que Cristo, no início e no fim de sua vida é envolto em faixas. "José [de Arimateia – diz Marcos], tendo comprado um lençol, tirou Jesus da cruz e o envolveu nele" (Mc 15,46). Bem-aventurado aquele que terminar sua vida envolto no sudário, isto é, na inocência batismal.

O velho Adão, quando foi expulso do paraíso terrestre, foi coberto com uma túnica de peles (cf. Gn 3,21); a pele, quanto mais se lava, tanto mais se deteriora: e nisso é representada a sua carnalidade e a de seus descendentes. O novo Adão, porém, é envolto em panos, que, na sua brancura, representam o candor de sua Mãe, a inocência batismal e a glória da ressurreição final.

"E o depôs numa manjedoura, porque não havia lugar para eles na hospedaria" (Lc 2,7), em latim chamado *diversorium*. Eis – como está escrito nos Provérbios – "a corça é benquista e o veadinho é cheio de graça" (Pr 5,19). Diz a *História natural* que a corça dá à luz na estrada batida" (frequentada); assim a Bem-aventurada Virgem *deu à luz na estrada*, que é também um *diversorium*, como a hospedaria, assim chamado porque a ele se chega por *diversas* estradas.

III – O anúncio dos pastores

8. "Naquela mesma região, havia uns pastores que velavam e faziam de noite a guarda ao seu rebanho" (Lc 2,8).

As "vigílias" se chamam também *excubiae*, ou estações. Antigamente, os romanos dividiam a noite em quatro vigílias (quatro turnos de guarda) e revezavam-se as guardas da cidade. A noite representa a vida presente, na qual caminhamos às apalpadelas como de noite. Não enxergamos nem entre nós, isto é, não enxergamos a nossa consciência; com frequência tropeçamos com os pés, isto é, com os nossos sentimentos e afetos. Quem quer guardar corretamente a sua cidade durante essa noite (da vida), deve estar de pé e vigiar atentamente por todos os quatro turnos, isto é, fazer quatro vigílias.

A primeira vigília representa a impureza de nosso nascimento, a segunda representa a malícia e a maldade que nos acompanha, a terceira representa o estado miserável de nosso peregrinar e a quarta, o pensamento da morte. Na primeira, o homem deve vigiar para humilhar e desprezar a si mesmo, na segunda para mortificar-se, na terceira para chorar e na quarta para despertar um salutar temor. Felizes aqueles pastores que fazem isso durante as quatro vigílias dessa noite, porque assim defendem verdadeiramente o seu rebanho.

Observa que o pastor vigia o seu rebanho por dois motivos: para não ser roubado pelos ladrões e para que o rebanho não seja assaltado pelo lobo. Todos nós somos pastores, e o nosso rebanho é formado de nossos bons pensamentos e de nossos santos desejos. Sobre esse rebanho devemos montar uma atenta guarda durante as quatro vigílias mencionadas para que o ladrão, isto é, o diabo, não nos roube com suas malignas sugestões, e o lobo, isto é, a concupiscência da carne, não nos assalte pelo consenso. Aos que vigiam desse modo é anunciada a alegria deste nascimento.

9 "E o anjo disse aos pastores: Eis que vos anuncio uma grande alegria: Nasceu-vos hoje o Salvador..." (Lc 2,10.11). Com isso, concordam as palavras do Gênesis: "Nasceu Isaac. E Sara disse: Deus me deu riso, e todo aquele que ouvir rirá juntamente comigo" (Gn 21,5-6). Sara interpreta-se "princesa" ou "carvão", e é figura da gloriosa Virgem, princesa e rainha nossa, inflamada pelo Espírito Santo como o carvão pelo fogo. Hoje Deus lhe deu o riso, porque dela nasceu o nosso riso. "Eu vos anuncio uma grande alegria" porque nasceu o riso, porque nasceu Cristo.

E isso nós ouvimos hoje do anjo: "Todo aquele que ouvir, rirá juntamente comigo". Riamos, pois, e exultemos junto com a Bem-aventurada Virgem, porque Deus nos deu o riso, isto é, o motivo para rir e alegrar-nos com Ele e nela: "Hoje vos nasceu o Salvador". Se alguém estivesse a ponto de morrer ou fosse condenado à prisão e lhe fosse anunciado: Eis que chegou alguém que te salvará! Será que não riria, será que não exultaria? Certamente. Exultemos, pois, também nós, na serenidade da consciência e no amor autêntico (cf. 2Cor 6,6), porque hoje nasceu-nos o salvador, aquele que nos salvará da escravidão do diabo e da prisão do inferno.

10. E para encontrar essa alegria nos é dado um sinal, quando o anjo acrescenta: "Eis o sinal: Encontrareis um menino envolto em panos e deitado numa manjedoura" (Lc 2,12). Aqui devemos observar duas coisas: a humildade e a pobreza. Feliz aquele que tiver esse sinal na fronte e na mão, isto é, na profissão de fé e nas obras. O que significa dizer: "Encontrareis um menino", senão que encontrareis a sabedoria que balbucia, o poder tornado fraco, a majestade abaixada, o imenso feito criança, o rico que se fez pobrezinho, o rei dos anjos que jaz num estábulo, o alimento dos anjos tornado quase feno para os animais, aquele que por nada pode ser contido, deitado numa estreita manjedoura? "Este, pois, será para vós o sinal", para que não pereçais com os egípcios e os habitantes de Jericó.

Pelo Verbo encarnado, pelo parto virginal, pelo Salvador nascido seja dada glória a Deus Pai no mais alto dos céus, e seja dada paz na terra aos homens que Ele ama (cf. Lc 2,14). Digne-se conceder-nos essa paz Aquele que é bendito nos séculos. Amém.

IV – Sermão alegórico

11. "Um menino nasceu para nós, um filho nos foi dado; foi posto o principado sobre o seu ombro; e será chamado admirável, conselheiro, Deus, forte, pai do século futuro, príncipe da paz" (Is 9,6). E ainda: "Eis que uma virgem conceberá e dará à luz um filho, e o seu nome será Emanuel" (Is 7,14), isto é, "Deus conosco".

Esse Deus se fez criança por nós e hoje nos nasceu. Cristo quis ser chamado "criança" por muitas razões, mas, por brevidade, aponto uma só. Se injurias uma criança, se a provocas com um insulto, se bates nela, mas depois lhe mostras uma flor, uma rosa ou coisa semelhante e, ao mostrá-la, indicas a intenção de dar-lhe a flor, ela não se lembrará mais da injúria recebida, a ira lhe passa e corre para abraçar-te. Assim, se ofendes a Cristo com o pecado mortal e lhe fazes qualquer outra injúria, mas depois lhe ofereces a flor da contrição ou a rosa de uma confissão banhada pelas lágrimas – as lágrimas são o sangue da alma – Ele não se lembrará mais da tua ofensa, perdoa a culpa e corre para te abraçar e beijar. Diz Ezequiel: "Se o ímpio fizer penitência de todos os pecados cometidos, eu não me recordarei de qualquer das suas iniquidades" (Ez 18,21.22). E Lucas, falando do filho pródigo: "Quando seu pai o viu, ficou movido de compaixão e, correndo, lançou-lhe os braços ao pescoço e o beijou" (Lc 15,20). E no Segundo Livro dos Reis narra-se que Davi acolheu com benevolência Absalão, que havia matado o irmão, e o beijou (cf. 2Sm 14,33).

Hoje, portanto, um menino nasceu para nós. E que vantagens nos vieram com o nascimento desse menino? Grandíssimas vantagens sob todos os aspectos. Ouve Isaías: "A criança de peito brincará sobre a toca da áspide; e na caverna do régulo (basilisco) meterá a sua mão a que estiver já desmamada. Eles não farão dano algum, nem matarão em todo o meu santo monte" (Is 11,8-9).

O *régulo*, que significa *pequeno rei*, é chamado assim porque se pensava que fosse o rei das serpentes; essa serpente venenosa, também chamada áspide, representa o diabo, e sua toca e sua caverna são os corações dos maus, nos quais o nosso menino pôs sua mão quando, com o poder de sua divindade, tirou de lá o próprio diabo. De fato, diz Jó: "Serviu de parteira a sua mão, saiu uma cobra tortuosa" (Jó 26,12).

É tarefa da parteira extrair das trevas o fruto do parto, e levá-lo para a luz. Assim Cristo, com a mão de seu poder tirou a antiga serpente, o diabo, dos corações tenebrosos dos réprobos: e então, aquela serpente e seus satélites não farão mais dano aos corpos, a não ser com sua permissão; de fato, os diabos não poderão entrar nos porcos senão depois de sua permissão (cf. Mc 5,13); e já não poderão ferir as almas com a morte eterna. Antes da vinda do Salvador, os diabos tinham sobre o gênero humano tanto poder, a ponto de atormentar torpemente os corpos dos homens e de arrastar miseravelmente as almas para o inferno. De agora em diante, porém, não poderão mais causar danos "em todo o meu santo monte", isto é, em toda a minha Igreja, na qual eu mesmo moro.

12. "Um filho nos foi dado." Com isso concorda o que lemos no Segundo Livro dos Reis: "Houve uma terceira guerra em Gat contra os filisteus, na qual Adeodato, filho de Salto, que tecia panos de cores em Belém, matou Golias de Gat" (2Sm 21,19).

Observa que a primeira batalha aconteceu no deserto: "Jesus foi conduzido ao deserto..." (Mt 4,1); a segunda aconteceu na planície, isto é, em público: "Estava Jesus expulsando um demônio" (Lc 11,14) [diante da multidão]; a terceira aconteceu sobre o lenho [da cruz]: pregado sobre ela, Cristo derrotou os filisteus, isto é, as potências do ar (cf. Ef 2,2).

Essa terceira batalha aconteceu em Gat, nome que significa "lago"; isto é, aconteceu nas chagas do Salvador e, sobretudo, na chaga do lado, da qual brotaram os dois rios de nossa redenção. Nesse lago, Jesus nos foi dado unicamente pela misericórdia de Deus Pai, para ser o nosso *campeão*. Ele foi "filho de Salto" porque, como diz Marcos, estava no deserto com as feras (cf. Mc 1,13); ou "filho de Salto", porque foi coroado de espinhos[3].

"Que tecia panos de cores." Cristo preparou para si no seio virginal de Maria a veste multicolorida, isto é, a humanidade, ornada com os dons da graça septiforme; "foi belemita" porque hoje nasceu da Virgem em Belém. Ou também: foi "filho de Salto" na paixão; será "tecedor de panos coloridos" na ressurreição final, porque então nos revestirá da veste multicolorida, ornada dos quatro dotes dos corpos glorificados; será, enfim, "belemita" no banquete eterno. Assim, o nosso campeão, o nosso atleta, ferido no lago da paixão, derrotou e debelou Golias de Gat, isto é, o diabo.

13. "E foi posto o principado sobre o seu ombro." E também aqui temos a concordância com aquilo que diz o Gênesis: "Tomou Abraão a lenha do holocausto e a pôs sobre Isaac, seu filho" (Gn 22,6). E João diz: "[Jesus], tomando a cruz aos ombros, saiu para esse lugar a que chamam Calvário" (Jo 19,17).

3. O termo latino *saltus* indica uma região de selvas, montanhosa, com vales, planaltos e precipícios, coberta de florestas com grandes árvores ou moitas e sarças.

Ó humildade do nosso Redentor! Ó paciência do nosso Salvador! Sozinho, Ele carrega por todos o madeiro no qual será suspenso, pregado; sobre o qual deverá morrer e, como diz Isaías, "o Justo perece e não há ninguém que medite no seu coração" (Is 57,1).

"E foi posto o principado sobre o seu ombro." Diz o Pai, por boca de Isaías: "Porei a chave da casa de Davi sobre os seus ombros (Is 22,22). A chave é a cruz de Cristo, com a qual Ele abriu a porta do céu. E observa que a cruz é chamada "chave" e "poder": chave porque abre o céu aos eleitos, poder porque com sua potência precipita os demônios no inferno.

14. "E será chamado *admirável*, no nascimento; *conselheiro*, na pregação; *Deus*, no realizar milagres; *forte*, na paixão; *Pai do século futuro*, na ressurreição. Com efeito, quando ressuscitou, deixou-nos a esperança certa da ressurreição, como herança aos filhos depois de si. E na eternidade será para nós o *príncipe da paz*.

Digne-se preparar-nos essa paz Ele próprio que é bendito nos séculos. Amém.

V – Sermão moral

15. "Um menino nasceu para nós." Desse menino, diz o evangelho: Se não vos converterdes e não vos tornardes como este menino etc. (cf. Mt 18,3).

Observa: quando acorda no berço, o menino chora; não se envergonha se está nu; se é surrado, refugia-se nos braços da mãe. A mãe, quando quer desmamá-lo, passa algo amargo nos seios; o menino nada sabe da malícia do mundo; é incapaz de cometer pecados; não faz o mal ao próximo; não guarda rancor; a ninguém odeia; não busca riquezas; não é seduzido pela beleza deste mundo; não faz acepção de pessoas.

O menino simboliza o penitente convertido que, outrora teve o coração inchado de soberba, exaltado na jactância das palavras, grande na opulência das coisas, e agora se tornou pequeno, humilde e desprezível aos próprios olhos. Quando desperta, isto é, quando traz à lembrança seu precedente modo de viver, chora amargamente; tornado nu e pobre por amor a Cristo não enrubesce, nem se envergonha ao despojar-se na confissão; se sofre uma injúria não se ofende, mas corre para a igreja e ora por aqueles que o caluniam e o perseguem. A Igreja, por assim dizer, desmamou-o quando, com a amargura dos castigos e das penas, cobriu-lhe o seio do prazer carnal, que Ele costumava chupar.

As outras analogias são claras e, portanto, são entendidas literalmente.

Por isso, quando um mundano se converte e se torna "menino" de Cristo, com o júbilo do coração e a alegria na voz, devemos exultar dizendo: "Nasceu-nos um menino". E João: "A mulher", isto é, a Igreja, "quando dá à luz" com a pregação ou com a misericórdia pelos pecados, "está aflita; mas quando deu à luz" com a contrição e com a confissão "o menino", isto é, o neoconverso, "não se recorda mais do sofrimento, pela alegria de ter vindo ao mundo um homem" (Jo 16,21). E de João "graça de Deus" [o Batista] diz-se: "Muitos se alegrarão no seu nascimento" (Lc 1,14).

16. "Um filho nos foi dado." Demos graças a Deus, porque de um servo do mundo e do diabo recebemos um filho de Deus, que diz no salmo: "O Senhor me disse: Tu és meu filho, eu hoje te gerei" por meio da graça, tu que ontem eras escravo por causa da culpa; e já que és filho "pede-me e eu te darei as nações em herança", isto é, os pensamentos rebeldes, "e estenderei o teu domínio até os confins da terra" (Sl 2,7-8), isto é, os sentidos do teu corpo, para que saibas dominá-los.

"Filho", do qual se diz no Gênesis: "José, filho que cresce, filho que cresce e formoso de aspecto" (Gn 49,22). "Que cresce" pela pobreza, como diz o próprio José: "Deus me fez crescer na terra de minha pobreza" (onde eu era pobre) (Gn 41,52). "Formoso de aspecto" pela humildade: de fato, no Gênesis diz-se que "Raquel", nome que se interpreta "ovelha" – e, portanto, humilde – "era formosa de rosto e de gentil presença" (Gn 29,17). "Foi-nos dado." "Com efeito, estava morto e retornou à vida, estava perdido e foi encontrado" (Lc 15,24). E com que finalidade nos foi dado? Com que finalidade foi encontrado? Precisamente para o exercício da penitência.

17. "E foi posto o principado sobre o seu ombro." Concordam as palavras do Gênesis: "Issacar, asno forte, deitando-se nos confins, viu que o repouso era bom e que a terra era ótima; curvou o seu ombro para carregar pesos" (Gn 49,14-15).

Issacar, que se interpreta "homem da recompensa", representa o penitente que trabalha virilmente pela eterna recompensa, e, portanto, é chamado "asno robusto". Dele diz-se no Eclesiástico: "Alimentos, vara e carga ao asno" (Eclo 33,25). Alimento de qualquer espécie, para que não desfaleça; a vara da pobreza para que não se torne insolente e não escoiceie; a carga, o peso da obediência para que não se desabitue do trabalho. Com esses três remédios prepara-se a medicina para o penitente.

"Deitando-se nos confins." Os dois confins são o ingresso à vida e a saída dela, o nascimento e a morte. Está entre esses confins aquele que pensando no seu nascimento se humilha, e pensando na morte chora. O insensato não está entre os dois confins, antes, coloca-se no centro deles. Por isso, diz-se no Livro dos Juízes: "Por que habitas tu entre os dois confins a ouvir os balidos dos rebanhos?" (Jz 5,16).

O centro entre o nascimento e a morte é a vaidade do século, deste tempo; os rebanhos são os estímulos da carne; ouve seus balidos, isto é, os lisonjeiros chamados, aquele se repousa na vaidade do século. Porém, o penitente, que mora entre os confins, eleva os olhos da mente e contempla o repouso da glória feliz: quanto é perfeita na glorificação do corpo, como é verdadeira uma terra de eterna segurança, quanto é insuperável na contemplação da Trindade; e curva o ombro para sustentar o poder, isto é, o jugo a penitência, por meio da qual domina a si mesmo e vence as tentações. Donde diz o Eclesiástico: "Baixa o teu ombro e carrega-a!" (Eclo 6,26), a penitência.

18. "E seu nome é admirável, conselheiro, Deus, forte, Pai do século futuro, príncipe da paz." Nesses seis nomes resume-se a perfeição do penitente, ou do justo.

Efetivamente, é *admirável* no diligente exame e na frequente revisão de si mesmo e vê, portanto, coisas maravilhosas na profundeza do seu coração. Por isso é admirável também Jó, cuja paciência todo o mundo admira: "Eu [dizia] não reprimirei a minha língua, falarei na angústia do meu espírito, conversarei na amargura da minha alma" (Jó 7,11). A angústia do espírito e a amargura da alma não deixam nada sem ser discutido, quando tudo é examinado e avaliado com a máxima diligência.

É *conselheiro* nas necessidades corporais e espirituais do próximo, como diz Jó: "Fui o olho do cego e o pé do coxo" (Jó 29,15). O cego é aquele que não vê na sua consciência; o coxo é aquele que se desvia do reto caminho da justiça. Mas o justo é bom conselheiro para ambos, porque para o primeiro é olho ao ensinar-lhe a descobrir a falha de sua consciência; ao segundo é pé, sustentando-o e guiando-o para que realize os passos das obras no caminho da justiça.

É *Deus*. Ao governar os súditos, o justo é chamado "deus" só de nome, pois está no lugar de Deus. Realmente, o Senhor diz a Moisés: "Eis que te constituí deus do faraó" (Ex 7,1). E também: "Se o ladrão não for encontrado, o dono da casa será obrigado a comparecer diante de Deus", isto é, dos sacerdotes, "e jurará que não estendeu a mão às coisas do seu próximo" (Ex 22,8). E ainda: "Eu disse: vós sois deuses" (Sl 81,6). Em outro sentido: Deus em grego é *Theòs*, quer dizer "que olha" – enquanto deriva de *theorèo*, olhar – porque olha todas as coisas; *thèo* quer dizer também *corro*, porque Deus *percorre*, passa em revista todas as coisas. O penitente é chamado "deus", isto é, que olha e que percorre: afinal, olha as coisas superiores com a contemplação, e por isso corre com a mente para as passadas somente para comprometer-se com a penitência.

É *forte* ao combater as tentações. Lê-se no Livro dos Juízes: "Apareceu um leão novo e feroz, que rugia e arremeteu contra Sansão. Mas o espírito do Senhor apoderou-se de Sansão, que despedaçou o leão, fazendo-o em bocados, como se fora um cabrito" (Jz 14,5-6). O leão novo representa o espírito de soberba ou de luxúria e coisas semelhantes: arremete com sua insistência, ruge com a astúcia; aparece de improviso e assalta com violência. Mas quando o espírito da contrição, do amor e do temor de Deus apodera-se do penitente, este despedaça o espírito de soberba simbolizado no leão, e reduz a pedaços o espírito de luxúria, simbolizado no cabrito, por causa do fedor: reduz a pedaços o pecado e destrói minuciosamente todas as circunstâncias.

É *Pai do século futuro*, na pregação da palavra e na do exemplo. Diz o Apóstolo: "Meus filhinhos, por quem eu sinto de novo as dores do parto, até que Jesus Cristo se forme em vós" (Gl 4,19). E também: "Eu vos gerei em Cristo, mediante o evangelho" (1Cor 4,15), para a vida eterna.

É príncipe da paz na harmoniosa coabitação do espírito e do corpo. Diz Jó: "As feras da terra", isto é, os impulsos da tua carne, "estarão em paz contigo e verás reinar a paz em tua casa" (Jó 5,23-24). E também, "Sepultado", isto é, escondido do mundo por meio da contemplação, "dormirás tranquilo, repousarás e não haverá quem te amedronte" (Jó 11,18-19).

Digne-se conceder-nos tudo isso Aquele que é bendito nos séculos. Amém.

Circuncisão do Senhor

1. Naquele tempo, "Depois que se completaram os oito dias prescritos para a circuncisão do menino..." (Lc 2,21).

Neste evangelho, consideraremos dois acontecimentos: a circuncisão de Cristo e a imposição do nome.

I – A circuncisão de Cristo

2. "Depois que se completaram os oito dias prescritos para a circuncisão do menino" (Lc 2,21). Nesta primeira parte nos é ensinado em sentido anagógico (místico), de que modo todos os justos, na ressurreição final, serão *circuncidados* de toda a corrupção. Mas já que do Verbo circuncidado ouvistes uma palavra "circuncidada", também nós falaremos circuncisamente (brevemente) de sua circuncisão.

Cristo foi circuncidado somente no corpo, porque nada havia para ser circuncidado no seu espírito. Com efeito, "Ele não cometeu pecado e não se encontrou engano em sua boca" (1Pd 2,22). E nem contraiu o pecado [de origem], porque, como diz Isaías: "Subiu numa nuvem leve" (Is 19,1), isto é, assumiu uma carne imune ao pecado.

Vindo para junto dos seus, já que "os seus não o teriam recebido" (Jo 1,11), teve de ser circuncidado, a fim de que os judeus não tivessem pretextos contra Ele, dizendo: É um incircunciso, deve ser eliminado do povo, porque, como está escrito no Gênesis, "o indivíduo do sexo masculino, cuja carne do prepúcio não tiver sido circuncidada, tal alma será exterminada do seu povo" (Gn 17,14). És um transgressor da lei, não queremos alguém que seja contra a lei.

Portanto, foi circuncidado, ao menos, por três motivos: primeiro, para observar a lei – teve-se de cumprir o mistério da circuncisão até que fosse substituído pelo sacramento do batismo; segundo, para tirar aos judeus o pretexto de caluniá-lo; terceiro, para ensinar-nos a circuncisão do coração, da qual diz o Apóstolo: "A circuncisão é a do coração, no espírito e não na letra; sua glória não vem dos homens, mas de Deus" (Rm 2,29).

3. "Depois de se completarem os oito dias prescritos." Vejamos o significado destas três coisas: o oitavo dia, o menino, e sua circuncisão. Nossa vida desenvolve-se, por assim dizer, num espaço de sete dias (setenário): depois segue o "oitavo dia" (octonário) da ressurreição final. Diz o Eclesiastes: "Reparte o teu pão com sete e mesmo com oito, porque não sabes os males que te podem vir sobre a terra" (Ecl 11,2). Como se dissesse: faze que os sete dias de tua vida tomem parte nas obras boas (sejam comprometidos em realizar o bem), porque depois, receberás a recompensa por elas no oitavo dia, o da ressurreição; naquele dia sobre a terra, isto é, para aqueles que amam a terra, haverá um mal tão grande que ninguém pode imaginar.

Então a eira será limpa, o trigo será separado da palha, as ovelhas serão apartadas dos bodes (cf. Mt 3,12; 25,32; Lc 3,17). A limpeza da eira simboliza a revisão que será operada no último juízo. O trigo representa os justos que serão acolhidos nos celeiros do céu. Diz Jó: "Descerás ao túmulo em plena velhice, como se amontoa o trigo a seu tempo" (Jó 5,26). O túmulo indica a vida eterna, onde os justos entrarão cheios de obras boas, e estarão ao abrigo dos ataques dos demônios, como alguém que se esconde num túmulo para fugir dos homens. A palha, porém, isto é, os soberbos, superficiais e inconstantes, serão queimados ao fogo. Deles diz Jó: "Serão como palha ao sopro do vento e como cinza espalhada pelo tufão" (Jó 21,18). Os cordeiros ou as ovelhas, isto é, os humildes e os inocentes, serão postos à direita de Deus: "Como um pastor apascentará seu rebanho, com seu baraço reunirá os cordeiros, tomá-los-á ao peito e Ele próprio carregará as ovelhas prenhes" (Is 40,11).

4. Observa que nestas quatro palavras: apascentará, reunirá, tomará e carregará, pode-se perceber as quatro prerrogativas do corpo, isto é, a claridade, a imortalidade, a agilidade, a subtileza, que os justos terão no oitavo dia, isto é, na ressurreição final.

Apascentará com a *claridade*: "Doce é a luz, e agradável aos olhos é ver o sol" (Ecl 11,7); e os justos brilharão como o sol no Reino de Deus (cf. Mt 13,43). Se o olho ainda corruptível tanto se agrada do ilusório esplendor de um mísero corpo, qual será o prazer diante do verdadeiro esplendor de um corpo glorificado? *Reunirá* com a *imortalidade*: a morte dissolve e divide, a imortalidade recolhe e reúne. *Elevará* com a *agilidade*: o que é ágil, eleva-se facilmente. *Carregará* com a *subtileza*: o que é sutil [uma veste], carrega-se sem esforço.

Os bodes, porém, isto é, os luxuriosos, serão pendurados pelos pés nos ganchos do inferno. Realmente, o Senhor, por boca de Amós, ameaça "as vacas gordas" (cf. Am 4,1), isto é, os soberbos e luxuriosos prelados da Igreja: "Eis que virão dias para vós, e [os demônios] vos pendurarão nos ganchos e lançarão os remanescentes nos caldeirões ferventes. E saireis pelas brechas um contra o outro e sereis lançados contra o Hermon" (Am 4,2-3), que se interpreta "excomunhão", porque os soberbos e os luxuriosos, excomungados e malditos pela Igreja triunfante, serão precipitados no eterno suplício.

Tudo isso, isto é, a glória e a pena, será dado a cada um no oitavo dia, isto é, na ressurreição, segundo aquilo que fez na semana desta vida. Sobre isso, diz o Gênesis: "Jacó serviu sete anos para [ter] Raquel, e pareceram-lhe poucos dias, tal era o amor que nutria por ela" (Gn 29,20). De fato, era uma mulher formosa de rosto e de gentil presença (Gn 29,17). E continua: "Passada a semana, tomou Raquel por esposa" (Gn 29,28). E mais adiante diz: "Durante o dia devorava-me o calor e de noite, o gelo, e o sono fugia-me dos olhos" (Gn 31,40).

Ó amor da beleza! Ó beleza do amor! Ó glória da ressurreição, quantas coisas fazes o homem suportar para poder chegar às núpcias contigo! O justo trabalha durante os sete dias de sua vida na indigência do corpo e na humildade do coração: de dia, isto é, quando lhe sorri a prosperidade no calor da vanglória; e de noite, quer dizer, quando sobrevêm as adversidades e é atormentado pelo gelo da tentação do diabo. E assim, o sono e o repouso fogem dele, porque existem batalhas no interior e medos no exterior (cf. 2Cor 7,5). Teme o mundo, é combatido em si mesmo, e, todavia, em meio a tantos sofrimentos os dias parecem-lhe poucos por causa do tamanho do amor. De fato, "para quem ama, nada é difícil" (Cícero).

Ó Jacó, peço-te: trabalha com paciência, suporta com humildade, porque, finda a semana da presente miséria, conquistarás as desejadas núpcias da gloriosa ressurreição, na qual serás finalmente *circuncidado* de todo o cansaço e de toda a escravidão da corrupção.

5. "Depois de se completarem os oito dias prescritos para a circuncisão do menino." Em latim é chamado *puer*, menino, não velho. Para saber quem é este menino, leia o sermão do "Natal do Senhor."

Na ressurreição final, todo o eleito será circuncidado, porque ressurgirá para a glória, como diz Plínio, sem defeito algum, sem deformidade alguma. Estará muito longe qualquer enfermidade, qualquer incapacidade, qualquer corrupção, qualquer inabilidade e qualquer outra carência indigna daquele reino do Sumo Rei, no qual os filhos da ressurreição e da promessa serão iguais aos anjos de Deus (cf. Lc 20,36); então existirá a verdadeira imortalidade.

A primeira condição do homem foi de *poder não morrer*. Por causa do pecado foi-lhe imposta a pena de *não poder não morrer*: segunda condição; espera-o, na futura felicidade, a terceira condição: *não poder mais morrer*. Então desfrutaremos de modo perfeito do livre-arbítrio, que ao primeiro homem foi dado de modo que "pudesse não pecar"; e então será perfeito quando este livre-arbítrio for tal de "não poder pecar".

Ó oitavo dia, tão desejável, que de maneira tão maravilhosa circuncidas do menino todos os males!

II – A imposição do nome

6. "E lhe foi posto o nome de Jesus" (Lc 2,21). Nome doce, nome suave, nome que conforta o pecador, nome de bem-aventura-

da esperança. Júbilo ao coração, melodia ao ouvido, mel para a boca. Cheia de júbilo, a esposa do Cântico dos Cânticos diz desse nome: "O teu nome é azeite derramado" [*Perfume aromático é o teu nome*] (Ct 1,2).

Observa que o óleo tem cinco propriedades: flutua sobre todos os líquidos, amolece as coisas duras, modera as ácidas, ilumina as obscuras, sacia o corpo. Assim também o nome de Jesus, por sua grandeza está acima de todos os nomes dos homens e dos anjos, porque ao nome de Jesus todo o joelho se dobra (cf. Fl 2,10). Quando o proclamas enternece os corações mais duros, se o invocas modera as tentações mais ásperas, se o pensas ilumina o coração, se o lês sacia o teu espírito.

E presta atenção, porque esse nome de Jesus é chamado não só "óleo", mas óleo "derramado". Por quem? E onde? Pelo coração do Pai, no céu, sobre a terra e no inferno. No céu para a exultação dos anjos, que, por isso, aclamam exultantes: "Salvação ao nosso Deus, que está sentado sobre o trono, e ao Cordeiro" (Ap 7,10), isto é, a Jesus, que é chamado "Salvação, Salvador"; sobre a terra para a consolação dos pecadores: "Ao teu nome e ao teu memorial dirige-se todo o nosso desejo. De noite anela por ti a minha alma" (Is 26,8-9); no inferno para a libertação dos prisioneiros, de fato, diz que prostrados aos seus joelhos, temos clamado: "Finalmente vieste, ó nosso Redentor!..." (Breviário Romano, antigo Ofício dos defuntos).

7. Apresentarei brevemente o que escreve Inocêncio sobre este nome. Este nome de Jesus (latim: *Iesus*) é composto de duas sílabas e de cinco letras: três vogais e duas consoantes. Duas sílabas, porque Jesus tem duas naturezas, a divina e a humana: a divina do Pai, do qual nasceu sem mãe; a humana da Mãe, da qual nasceu sem pai. Eis, duas são as sílabas neste único nome, porque duas são as naturezas nesta única pessoa.

Deve-se notar, contudo, que a vogal é a letra que tem um som por si mesma, a consoante, porém, tem som somente unida com uma vogal. Portanto, nas três vogais é simbolizada a divindade que, sendo única em si mesma, produz o som nas três pessoas. Com efeito, "três são os que dão testemunho no céu: o Pai, o Verbo e o Espírito Santo; e estes três são um só" (1Jo 5,7).

Nas duas consoantes é simbolizada a humanidade, que, tendo duas substâncias, isto é, o corpo e a alma, não tem som por si mesma, mas só em virtude da outra natureza à qual está unida na unidade da pessoa. "De fato, como a alma racional e a carne são um só homem; assim Deus e o homem são um só Cristo" (Símbolo atanasiano). Com efeito, a pessoa é definida "uma substância racional que existe por si", e esse é Cristo.

Cristo é Deus e também homem, mas "soa" por si enquanto é Deus e não enquanto é homem, porque, ao assumir a humanidade, a divindade conservou o direito de personalidade, mas a humanidade assumida não recebeu o direito à personalidade [porque a Pessoa não recebeu a pessoa, nem a Natureza recebeu a natureza, mas a Pessoa assumiu a natureza] (PAPA INOCÊNCIO III. *Sermão sobre a circuncisão*).

Portanto, este é o nome santo e glorioso "que foi invocado sobre nós" (Jr 14,9), e não existe outro nome – diz Pedro – debaixo do céu, no qual seja estabelecido que possamos ser salvos (At 4,12). Pela força desse nome nos salve Deus, Jesus Cristo nosso Senhor, que é bendito acima de todas as coisas nos séculos dos séculos. Amém.

III – Sermão alegórico

8. "Tomou Séfora uma pedra muito aguda e cortou o prepúcio de seu filho" (Ex 4,25). E também no Gênesis lemos: "Abraão pôs o nome de Isaac ao filho que lhe nascera de Sara. E circuncidou-o ao oitavo dia, como Deus lhe tinha ordenado" (Gn 21,3-4). Não foi a Mãe Maria, não foi José, que era seu guarda, mas foi Abraão, isto é, o Eterno Pai, que impôs a seu Filho unigênito o nome de salvação. Onde existe salvação, existe o sorriso. Isaac significa "sorriso", e o nosso sorriso é Jesus, nome que significa "salvação" e "salvador".

Existe uma certa erva, chamada em latim salutaris (que cura), porque alivia a dor de cabeça e a azia do estômago. A dor de cabeça simboliza a soberba da mente, da qual se lê no Quarto Livro dos Reis que o sol com seu calor atingiu a cabeça de um menino, que disse a seu pai: "Dói-me a cabeça, dói-me a cabeça" (2Rs 4,19). E no Livro de Judite narra-se que Manassés [seu esposo] "morreu nos dias da ceifa da cevada, porque enquanto supervisionava os que amarravam os feixes no campo, deu-lhe o ardor do sol na cabeça e morreu" (Jt 8,2-3).

Manassés, que se interpreta "desmemoriado", é figura daquele que é amigo do mundo: esquecido da eternidade, ele sai a ceifar a cevada. Na cevada, que é forragem para os animais, são indicados os bens terrenos: enquanto o homem material (*bestialis*) preocupa-se em acumulá-los e a atá-los em feixes, isto é, a pô-los no seu tesouro, sobrevém sobre sua mente o golpe do sol da vanglória, da qual nasce depois a exaltação da soberba e, enfim, a morte da alma. Do mesmo modo, a azia do estômago simboliza o fervor da ira, da qual diz Isaías: "Assemelham-se os ímpios ao mar agitado, que não pode acalmar-se e cujas ondas se elevam para produzir lodo e lama" (Is 57,20). Quando um homem se inflama de ira, torna-se como um mar agitado: porque tem crueza no coração, confusão no cérebro, cegueira na mente, rancor contra o irmão; por isso é chamado *ímpio*, isto é, sem piedade: pisa uns e blasfema contra outros. Mas o nosso salvador, Jesus, curou esses males quando disse: "Bem-aventurados os pobres de espírito" (Mt 5,3), contra aqueles que procuram os bens da terra, e "Bem-aventurados os mansos" (Mt 5,4), contra os iracundos. Por isso, glória ao Pai que nos enviou a salvação, o salvador; louvor à Virgem que o deu à luz e hoje levou-o para a circuncisão.

"Tomou Séfora..." Séfora interpreta-se "aquela que o protege". É figura da Bem-aventurada Virgem, que protegeu, face a face, deitado na manjedoura, envolto em panos e enquanto vagia no berço, aquele que reina nos céus e no qual os anjos desejam fixar o olhar (cf. 1Pd 1,12).

9. "Tomou Séfora uma pedra muito aguda." Os judeus dizem que naquele momento teve início o costume de circuncidar com facas

de pedra; outros dizem que iniciou com Josué, em Gálgala (cf. Js 5,2ss.). Todavia, onde nós escrevemos *pedra*, os hebreus têm acies, ferro cortante, que chamam de *novacula*, navalha; portanto, os judeus circuncidam com a navalha.

Que a circuncisão do Senhor tenha sido feita com a faca de pedra ou com a de metal, tenha sido praticada por Maria ou por José ou por seus parentes, não tem muita importância e não é o caso de se investigar: sabemos com certeza que *hoje* Jesus foi circuncidado. O que diz a Escritura, que Séfora "circuncidou o prepúcio do seu filho", deve ser entendido que Séfora, ou fez a circuncisão ela própria ou a fez executar por outros, segundo a ordem do Senhor.

E recorda que toda a vida de Cristo foi marcada pelo sangue. Teve início no sangue, no oitavo dia após o nascimento, e no sangue se concluiu. E isso foi necessário exatamente para nós, porque, como diz o Apóstolo: "Tudo é purificado no sangue, e sem derramamento de sangue não há remissão" (Hb 9,22). Lembremos, pois, que cinco vezes Cristo derramou o sangue. A primeira vez foi na circuncisão que hoje comemoramos; a segunda, no suor de sangue no Horto das Oliveiras; a terceira vez na flagelação; a quarta, na crucificação e a quinta, com o golpe de lança recebido no lado, na cruz. Ao surgir e ao se pôr, o sol mostra-se de cor vermelha: assim Cristo, no princípio e no fim de sua vida foi *sanguineus*, vermelho sangue. Seja Ele bendito nos séculos dos séculos. Amém.

IV – Sermão moral

10. "Tomou Séfora uma pedra muito aguda." Lemos também em Josué: "Disse o Senhor a Josué: Faze facas de pedra e circuncida de novo os filhos de Israel. E Josué fez o que lhe mandara o Senhor" (Js 5,2-3). Depois o Senhor disse: "Hoje tirei de cima de vós o opróbrio do Egito" (Js 5,9).

O nome Séfora tem várias interpretações: "ave", "que perscruta", "que agrada", "que adere". Séfora é figura da alma fiel, que, se for ave, estará também em condições de perscrutar; se perscrutar, agradará e se agradar, aderirá: assim uma coisa brotará da outra.

Será ave renunciando às coisas terrenas; perscrutará pela contemplação das coisas celestes; agradará com o amor; aderira com a união perfeita. Quando se eleva, perscruta, quando perscruta, inflama-se de amor; quando se inflama de amor, une-se. Consideremos cada um desses pontos.

Na ave há duas asas, na alma há a fé e a esperança. A fé e a esperança referem-se às coisas invisíveis e, portanto, das coisas visíveis elevam-se para as invisíveis. Mas aqueles que têm a fé só de palavras, que põem sua esperança só em si mesmos e nas suas coisas e põem a confiança no homem, esses desejam avidamente as coisas terrenas e só experimentam aquelas. Por isso diz Jó: "O homem", que tem sabor de terra, de *humus*, que vive na podridão da gula e da luxúria, "nasce para o trabalho" da mó do asno (Jó 5,7). O camponês tapa os olhos do asno e o açoita com a vara, e assim, o asno faz girar uma mó de grande peso. O camponês é o diabo e seu asno é o mundano. O diabo fecha-lhe os olhos quando lhe cega o intelecto e a razão; e então o açoita com a vara da cobiça para que arraste consigo a mó da vaidade mundana. "Os ímpios andam ao redor" (Sl 11,9). "Meu Deus, agita-os como uma roda" (um turbilhão) (Sl 82,14).

Mas "a ave nasce para voar" (Jó 5,7). Diz a *História natural* que quanto mais a ave tem o peito estreito e penetrante, tanto mais idônea é para o voo, porque se o peito for largo deslocaria muito mais ar e o voo tornar-se-ia mais cansativo. Diz o Senhor: "Porventura é por ordem tua que a águia alça voo e faz seu ninho nas alturas? Habita entre as pedras e mora nos penhascos escarpados e nas rochas inacessíveis. De lá observa a sua presa e seus olhos enxergam muito ao longe" (Jó 39,27-29). A águia é figura da alma feliz que, tendo recusado a largura das coisas temporais, aperta seu peito, isto é, os pensamentos de seu coração, para assim, levantada acima das coisas terrenas, poder fazer o ninho de sua permanência em lugares difíceis. "Somos cidadãos dos céus" (Fl 3,20), diz o apóstolo.

E observa bem que não diz do céu, mas "dos céus". Os céus são três. O primeiro, a agudez da inteligência; o segundo, o esplendor da justiça (da santidade); o terceiro, a sublimidade da glória. No primeiro, existe a contemplação da verdade; no segundo, existe o amor pela justiça; no terceiro, a plenitude do gozo eterno. No primeiro, a ignorância é iluminada; no segundo, é extinta a concupiscência; no terceiro, é eliminada toda inquietação. Se estiveres envolvido na luz da verdade, possuis o primeiro céu. Se fores queimado pela chama do amor, habitas no segundo. Se tiveres saboreado algum gozo de suavidade interior, és admitido ao terceiro céu. E esse gozo é precisamente a união do esposo e da esposa. Quem se une ao Senhor forma com Ele um só espírito (cf. 1Cor 6,17).

Esses três céus podem ser individuados também na pedra, no penhasco e no rochedo de que fala Jó a respeito da águia. Na pedra, por sua solidez, podemos reconhecer a contemplação da verdade; no penhasco, o amor pela justiça: já que do penhasco brota o fogo, isto é, representa também o amor do Criador; no rochedo, por sua estabilidade, reconhece-se a plenitude da eterna bem-aventurança.

Essas três coisas podem simbolizar também as potências angélicas, confirmadas para sempre no amor do Criador: elas são chamadas "penhascos escarpados" e "rochas inacessíveis", porque, enquanto outros anjos caíram, elas resistiram irremovíveis; a elas os apóstatas não podem subir nem se aproximar. E dessas rochas Séfora, águia alada, isto é, alma contemplativa, contempla a Deus, seu alimento e sua refeição.

11. "Tomou Séfora uma pedra muito aguda e circuncidou o prepúcio de seu filho." Vejamos o significado da pedra muito aguda, do prepúcio do filho e da circuncisão.

A pedra é figura da penitência. Diz Jó: "Quem me dera ser como fui nos meses antigos, quando lavava os meus pés no leite e quando a pedra derramava para mim riachos de azeite!" (Jó 29,2.6). No mês é simbolizada a perfeição, no leite a suavidade da graça e nos riachos de azeite o correr das lágrimas. Portanto, Jó, que se interpreta "dolorido", representa o penitente que suspira pela perfeição da primeira conversão e do comportamento precedente: naquele tempo havia em sua mente a suavidade da graça que lhe purificava os pés, isto é, os sentimentos e os afetos, de toda a feiura; naquele tempo, a pedra, isto é, a austera penitência fazia jorrar abundantes lágrimas. E como o azeite flutua sobre qualquer outro líquido, assim as lágrimas estão acima de qualquer obra boa. A lâmpada sem azeite é obra sem devoção. Essa pedra é aguda na contrição, mais aguda na confissão e agudíssima na obra de satisfação, de reparação, isto é, na penitência: com ela Séfora deve circuncidar o prepúcio de seu filho.

O filho é figura do corpo, o prepúcio, das coisas temporais supérfluas, que impedem ao homem de meditar sobre sua miséria. Por isso, o prepúcio tem este nome, que significa "diante do pudor". Essas coisas supérfluas são representadas nas tangas, das quais se fala no Gênesis: "tendo percebido que estavam nus", Adão e Eva "costuraram folhas de figueira e fizeram tangas para si" (Gn 3,7), isto é, faixas, como calças curtas. Exilados do paraíso terrestre, os filhos de Adão, já que estão nus da graça de Deus, com prazer cobrem-se com as folhas da figueira. As folhas da figueira produzem prurido e ao calor do sol se restringem, eriçam-se e secam: assim as coisas temporais produzem o prurido da luxúria, e na chama da morte deixam nus aqueles que em vida cobriram-se com elas.

Feliz a alma que circuncida o prepúcio de seu filho. Essa é a faca de pedra com a qual são circuncidados novamente os filhos de Israel, isto é, os cristãos que, no batismo, foram circuncidados de todo o pecado pela primeira vez. Mas já que a malícia aumentou e superabundou a iniquidade, são novamente circuncidados por Cristo com a faca de pedra, isto é, com a austeridade da penitência; e assim é afastado o opróbrio do Egito, isto é, o pecado mortal, que contraíram nas trevas do mundo.

12. Em outro sentido. A pedra é Cristo (cf. 1Cor 10,4). Diz o salmo: "Os penhascos são refúgio dos ouriços" (Sl 103,18), isto é, dos pecadores, cobertos com os espinhos da iniquidade. E de novo: Feliz quem esmagar seus filhos contra a pedra (cf. Sl 136,9), isto é, aquele que frear seus impulsos segurando-os firmes contra a pedra que é Cristo. A onda do mar, quando se desfaz contra uma pedra,

quebra-se a si mesma. Assim também a tempestade de tua tentação desfaz-se contra Cristo, e será quebrada pela grandeza de seu poder e tu sairás salvo.

Essa pedra foi aguda nos castigos da mísera vida presente; de fato, diz o Gênesis: "Maldita a terra por tua causa: produzir-te-á espinhos e abrolhos" (Gn 3,17). Será ainda mais aguda na corrupção: És pó e ao pó retornarás (cf. Gn 3,19). Será agudíssima na proclamação da última sentença: "Ide, malditos, para o fogo eterno!" (Mt 25,41).

Com a agudez desse temor, a alma não separa, mas circuncida o prepúcio de seu filho, não só restituindo o mal adquirido e assistindo aos outros com as obras de misericórdia, mas também tirando da própria boca as coisas doces, dos olhos as coisas provocantes, dos ouvidos as coisas lisonjeiras, das mãos, as macias e delicadas, de todo o corpo, as agradáveis.

O próprio Jesus, hoje circuncidado por nós, digne-se circuncidar também os nossos vícios, a fim de que no oitavo dia da ressurreição mereçamos exultar pela dupla estola que receberemos.

No-lo conceda Ele próprio que é bendito nos séculos. Amém.

Epifania do Senhor

1. "Tendo nascido Jesus em Belém de Judá" etc. (Mt 2,1). Neste trecho evangélico consideraremos três acontecimentos: o aparecimento da estrela, a perturbação de Herodes, a oferta dos três magos.

I – A aparição da estrela

2. "Tendo nascido Jesus em Belém" (Mt 2,1) etc. Na primeira parte, existe este ensinamento moral: de que maneira alguém se converte da vaidade do mundo para uma vida nova. Antes, porém, ouçamos brevemente a história, a narração.

Jesus nasceu numa noite de *domingo*, porque no dia em que Deus disse: "Faça-se a luz, e a luz foi feita" (Gn 1,3), "veio visitar-nos do alto um sol nascente" (Lc 1,78).

Narra-se que Otaviano Augusto, sob indicação da Sibila, tenha visto no céu uma virgem, grávida de um filho, e que desde então proibiu que o chamassem *Dominus*, Senhor, porque nascera "o Rei dos Reis e o Senhor dos Senhores" (Ap 19,16). Por isso, o poeta escreveu: "Eis que uma nova geração desce do alto do céu" (VIRGÍLIO. *Égloga IV,7*). Por todo o dia brotou de uma velha taberna um abundante jato de azeite, porque naquele dia nascia sobre a terra aquele que é consagrado com o óleo de alegria, de preferência a seus companheiros (cf. Sl 44,8). O templo da Paz ruiu até os fundamentos. Com efeito, por causa da paz universal em que se encontrava todo o mundo sob César Augusto, os romanos haviam construído um maravilhoso templo à Paz. Aqueles que ali entravam para consultar a divindade e saber quanto duraria aquela paz tiveram essa resposta: *Até que uma Virgem der à luz*. Eles ficaram felizes, porque a interpretaram assim: A paz durará para sempre, porque jamais uma virgem poderá dar à luz. Mas Deus destruiu a sabedoria dos sábios e a prudência dos prudentes (cf. 1Cor 1,19), porque o templo ruiu até os fundamentos na hora do nascimento do Senhor.

Treze dias depois do seu nascimento, isto é, hoje, "eis que uns magos chegaram do Oriente a Jerusalém, dizendo: Onde está o rei dos judeus, que acaba de nascer? Porque nós vimos a sua estrela" (Mt 2,1-2). Eram chamados "magos" pela vastidão de seus conhecimentos; aqueles que os gregos chamam filósofos, os persas chamam-nos magos. Vinham dos territórios dos persas e dos caldeus. Talvez não tenha sido impossível para eles percorrerem em treze dias, montados em dromedários, aquelas grandes distâncias.

A estrela que haviam visto distinguia-se das outras pelo esplendor, pela posição e pelo movimento. Pelo esplendor, porque nem a luz do dia a fazia desaparecer; pela posição, porque não estava no firmamento com as estrelas menores, e nem no éter com os planetas, mas fazia sua viagem no ar, nas proximidades da terra; e pelo movimento, porque primeiro permaneceu imóvel sobre a Judeia, depois deu aos magos a indicação para chegar ali, por própria conta, eles tomaram a decisão de entrar em Jerusalém, que era a capital da Judeia. Quando saíram dela, com o primeiro movimento visível, a estrela os precedeu. Tendo levado a termo a sua tarefa, desapareceu, retornando à primitiva matéria, da qual fora tirada.

Esta festa chama-se *Epifania*, dos termos gregos epì, sobre, e fanè, manifestação, porque hoje Cristo foi manifestado com o sinal da estrela. É chamada também Teofania, sempre pelos termos gregos *Theòs*, Deus, e *fané*, porque hoje Cristo, passados 30 anos, foi manifestado pela voz do Pai e batizado no Jordão. É chamada também *Bethfania*, do termo hebraico *beth*, casa, porque, passado um ano do batismo, hoje realizou um milagre divino entre os muros de uma casa, numa festa de núpcias.

3. Vejamos agora o que significam, em sentido moral, a estrela, os magos, o Oriente e Jerusalém.

A estrela simboliza a iluminação da graça divina, ou também o conhecimento da verdade. Por isso, Jesus, do qual provém toda a graça, diz no Apocalipse: "Eu sou a raiz e a geração de Davi, a estrela resplandecente da manhã" (Ap 22,16). Jesus Cristo, embora filho, é também raiz, isto é, pai de Davi. Ou, como a raiz sustenta a árvore, assim a misericórdia de Cristo sustenta Davi, pecador e penitente. Cristo é estrela radiosa na iluminação da mente; é estrela da manhã no conhecimento da verdade.

Os magos representam os sábios do mundo, dos quais diz Isaías: "Os sábios, os conselheiros do faraó, deram-lhe um conselho insensato" (Is 19,11). O faraó, nome que se interpreta "que descobre o homem", é figura do mundo que, depois de ter coberto o homem com sua vaidade, descobre-o na miséria da morte; o mundo não dá, mas só empresta, e no momento da máxima necessidade, exige aquilo que emprestou e assim abandona o homem na miséria e na nudez.

Insensato é, pois, o conselho daqueles sábios que exortam a acumular as coisas de outros, os bens deste mundo, que não poderão levar consigo, que induzem a carregar-se de coisas só emprestadas, que não poderão fazer passar consigo através da passagem estreita. Com efeito, a passagem da morte é tão estreita, que dificilmente pode passar ali a alma só e nua. Quando se chega àquela passagem, toda a carga de coisas temporais deve ser deixada: só os pecados, que não são substância (material), passam ali facilmente junto com a alma.

O Oriente é figura da vaidade do mundo ou de sua prosperidade. Diz Ezequiel: "Olhei, e eis uns homens que tinham as costas voltadas para o templo do Senhor e os rostos virados para Oriente e adoravam o sol nascente" (Ez 8,16). O templo representa a humanidade de Cristo, ou também vida de cada justo. Têm as costas voltadas para o templo do Senhor e a face para Oriente aqueles que, esquecidos da paixão e da morte de Cristo, orientam para a vaidade do mundo tudo aquilo que conhecem e tudo aquilo que sabem. Por isso, o Senhor lamenta-se por boca de Jeremias: "Voltaram para mim as costas e não o rosto. Mas no tempo de sua aflição", isto é, da morte, "dirão: Levanta-te e salva-nos! Onde estão os teus deuses", isto é, os prazeres e as riquezas, "que fabricaste para ti? Levantem-se e te libertem no tempo de tua aflição" (Jr 2,27-28). Ou também: têm as costas contra o templo e adoram o sol nascente aqueles que desprezam a pobreza, a humildade e os sofrimentos dos justos, e proclamam felizes aqueles que abundam de prazeres e de riquezas.

Jerusalém, que significa "pacífica", representa a vida nova, isto é, a vida de penitência. Diz Isaías: "O meu povo repousará na formosura da paz e nos tabernáculos da confiança e num descanso opulento" (Is 32,18). Feliz condição, na qual existe a graça da consciência tranquila, a confiança da conduta santa, a riqueza da caridade fraterna. Por isso, como a estrela chamou os magos do Oriente, assim a graça divina chama os pecadores da vaidade do mundo para a penitência, a fim de que procurem o nascido Rei, procurando-o o encontrem e encontrando-o o adorem.

"Onde está o rei dos judeus, que acaba de nascer?" Quer dizer: Onde está o Rei daqueles que confessam seus pecados, o Rei dos penitentes? Procuram o Rei dos penitentes, que nasceu neles, aqueles que prometem fazer penitência. Nós, dizem, que habitávamos no Oriente, que estávamos presos à vaidade do mundo, vimos sua estrela, isto é, reconhecemos sua graça, e assim "por meio dele", por sua graça, "viemos adorá-lo" (Mt 2,2).

II – A perturbação de Herodes

4. "Ao ouvir isso, o Rei Herodes perturbou-se" (Mt 2,3). O diabo, o rei da turba perturbada, perturba-se! Também o mundo se perturba, quando ouve que Cristo já nasceu nos penitentes e vê também outros pecadores se converterem a Ele por obra da graça. Satanás treme ao ver que seu reino se reduz e o reino de Cristo se expande sempre mais. Lemos no Êxodo: "O faraó disse a seu povo: Eis que o povo dos filhos de Israel é numeroso e mais forte do que nós. Vinde, oprimamo-lo de todos os modos, para que não cresça ainda mais em número" (Ex 1,9-10).

A astúcia do diabo oprime os filhos de Deus com a sugestão, a malícia do mundo os oprime com a blasfêmia e com a injúria. Por isso, continua o Êxodo: "Os Egípcios odiavam os filhos de Israel e os afligiam com insultos e faziam-lhes passar vida amarga" (Ex 1,13-14). Tormento (latim: *frixorium*, frigideira, grelha), tormento dos justos é a vida dos pecadores! Diz o salmo: "Moab é o vaso da minha esperança" (Sl 59,10). Moab interpreta-se "do pai", isto é, aqueles que vêm do pai que é o diabo; eles são "o vaso da esperança" porque também os ímpios vivem para os justos, isto é, para sua utilidade, para sua vantagem.

Perturbou-se, pois, Herodes. Herodes interpreta-se "glória da pele". Ele ficou perturbado porque nascera aquele rei pobre que diz: "Não recebo a glória dos homens" (Jo 5,41), e "eu não procuro a minha glória" (Jo 8,50). "O meu reino não é deste mundo" (Jo 18,36). Herodes, glória da pele, fica perturbado porque vê seu esplendor mudar-se em negrura, sua suavidade, em aspereza, como diz Isaías: "Em lugar de perfume suave terão o fedor e por cinta uma corda, e por cabelo encrespado, a calvície e por faixa de peito, o cilício" (Is 3,24). E essas palavras não necessitam de comentário, porque nos penitentes verificam-se literalmente.

Veja o sermão do XIV domingo depois de Pentecostes, parte segunda.

Lemos ainda no Êxodo: "Agora depõe os teus ornamentos, e depois saberei o que deverei fazer-te" (Ex 33,5). Por isso, "a Rainha Ester, aterrorizada com o perigo que estava iminente, refugiou-se no Senhor. E tendo deposto os vestidos reais, tomou um traje próprio de pranto e de luto, e, em lugar da variedade de unguentos, cobriu a cabeça com cinza e pó, e humilhou o corpo com jejuns, e, por todos os lugares em que antes costumava alegrar-se, espalhou os cabelos que se arrancava" (Est 14,1-2).

Ester, nome que se interpreta "escondida", representa a alma penitente que se afasta da dissipação do mundo e se refugia na solidão do espírito e, por vezes, também do corpo; refugia-se no Senhor, porque em ninguém senão nele existe refúgio do perigo do pecado, que sempre lhe está presente e a ameaça, e, portanto, tem medo. Depõe os vestidos da glória e veste as vestes da penitência e, em lugar dos perfumes dos vários prazeres, espalha sobre a cabeça, isto é, a mente, a cinza de sua fragilidade e a imundície da própria iniquidade; insiste nos jejuns e reflete com angústia em todos os lugares nos quais antes se divertia. Isso é o que diz Gregório da Madalena: "Quantos haviam sido os prazeres que experimentou em si mesma, tantos foram os sacrifícios (as expiações) que se impôs".

III – A oferta dos três magos

5. "E eis que a estrela que tinham visto no Oriente..." (Mt 2,9). Ó misericórdia de Deus, que jamais se esquece de ter piedade! Com efeito, está imediatamente próxima a quem retorna a Ele. Diz Isaías: "Então invocarás o Senhor e Ele te atenderá; clamarás a Ele e Ele te dirá: Eis-me aqui!" (Is 58,9), "porque eu sou o Senhor teu Deus misericordioso" (Dt 4,31).

"E eis a estrela." Os magos tinham ido a Herodes e perderam de vista a estrela. E isso está a indicar os recidivos que, retornando ao diabo, ou seja, ao pecado mortal, perdem a graça; mas quando se libertam dele, então a readquirem. De fato, diz Jeremias: "Se um homem abandonar sua esposa e ela, separando-se dele, tomar outro marido, porventura o marido tornará a recebê-la? Porventura, a mulher não será considerada impura e contaminada? Tu, porém, que te prostituíste com muitos amantes", isto é, com os demônios e os pecados, "apesar disso, volta para mim, diz o Senhor" (Jr 3,1).

"E eis que a estrela ia adiante deles" (Mt 2,9). Encontramos a concordância no Êxodo: "O Senhor ia adiante deles para lhes mostrar o caminho: de dia numa coluna de nuvem, e de noite numa coluna de fogo, para lhes servir de guia num e noutro tempo" (Ex 13,21). De dia, a coluna de nuvens era contra o ardor do sol; de noite, a coluna de fogo era contra as trevas, para que pudessem defender-se das serpentes.

Observa que a iluminação da graça divina é chamada "coluna" porque sustenta, "de nuvens", para que refresque o calor do sol, isto é, o calor da prosperidade terrena, "de fogo", contra o frio da infidelidade, contra as trevas das adversidades e contra o veneno da sugestão diabólica.

"Até que, chegando sobre o lugar onde estava o menino, parou" (Mt 2,9). Eis o fim do trabalho, a meta da viagem, a alegria de quem procura, o prêmio de quem encontra. "Alegre-se, pois, o coração dos que te procuram" (Sl 104,3), ó Jesus; e se aqueles que te procuram se alegram, quanto mais se alegrarão aqueles que te encontram. A estrela procede, a coluna precede. Aquela indica o caminho para o berço do Salvador, esta para a Terra Prometida: e no berço existe a Terra Prometida, onde corre o mel da divindade e o leite da humanidade. Corre, pois, atrás da estrela, apressa-te atrás da coluna, para que te guiem para a vida. Trabalharás pouco, chegarás logo e encontrarás o desejo dos santos, a alegria dos anjos.

6. "Vendo novamente a estrela, ficaram possuídos de grandíssima alegria" (Mt 2,10). Presta atenção, porque nessas palavras é indicada uma tríplice alegria, aquela que deve provar aquele que recupera a graça perdida. Deve alegrar-se porque não morreu enquanto estava em pecado mortal e seria condenado eternamente; porque foi trazido de volta à graça, que não mereceu; porque, se perseverar, será conduzido à glória. Dessa tríplice alegria fala Isaías: "Alegrando-me, alegrar-me-ei no Senhor, e a minha alma exultará no meu Deus" (Is 61,10).

"E entrando na casa" (Mt 2,11). Lucas narra que "o filho mais velho, indignado, não queria entrar em casa" (Lc 15,25.28); o filho pródigo, porém, já tinha entrado, porque já tinha entrado em si mesmo (cf. Lc 15,17). Foi dito aos apóstolos: "Não saudeis a ninguém pelo caminho" (Lc 10,4). Aquele que está a caminho, está fora, e quem está fora, está fora de casa, e, portanto, é indigno de ser saudado. Antes, como diz Amós: "Por todas as praças soarão gritos, e em todos os lugares de fora ouvir-se-á dizer: Ai, ai!" (Am 5,16).

"Viram o menino com Maria, sua mãe, e, prostrando-se, o adoraram" (Mt 2,11). Porque entram, encontram; e porque encontram, prostram-se e adoram. No menino e em Maria são indicadas a inocência e a pureza; no fato de se prostrarem, o desprezo de si; e no fato de adorarem, o obséquio da fé. Eis, pois, que os penitentes entram na casa da própria consciência e encontram a inocência (a inocuidade) em relação ao próximo, a pureza em relação a si mesmos; e disso não se ensoberbecem, mas prostram-se com o rosto por terra e adoram devota e fielmente aquele que lhes deu todas essas graças.

"E tendo entrado na casa" – talvez fosse aquele *diversorium*, albergue, do qual fala Lucas – "encontraram o menino com Maria, sua mãe". A *Glosa* comenta: Por que, junto com Maria, os magos não encontraram também José? Para que, por aquele fato, não fosse dado motivo de injusta suspeita aos gentios que, apenas nascido o Salvador, haviam-lhe mandado logo "as suas primícias", seus primeiros representantes, para adorá-lo.

"E abertos os seus tesouros" (Mt 2,11). A *Glosa*: Não abramos os nossos tesouros no caminho; aguardemos que tenham passado os inimigos, para poder oferecê-los somente a Deus no segredo do coração. O Rei Ezequias, que mostrou aos estrangeiros os tesouros [do templo], foi punido nos seus descendentes (cf. 2Rs 20,12-19). Deseja ser roubado aquele que carrega um tesouro publicamente pelo caminho (Gregório).

7. "Ofereceram-lhe os dons: ouro, incenso e mirra" (Mt 2,11). O ouro refere-se ao tributo (que se pagava ao rei), o incenso, aos sacrifícios e a mirra, à sepultura dos mortos. Por meio desses três dons são proclamados em Cristo o poder real, a majestade divina e a mortalidade humana. Em outro sentido: no ouro, que é brilhante e compacto e quando é batido não ressoa, é indicada a verdadeira pobreza, que não é obscurecida pela fuligem da avareza, não se incha ao vento das coisas temporais. Uma virtude firme (latim: *res solida*, uma substância compacta, um mosteiro concorde) faz o mesmo: diante dos escândalos não se perturba e não responde com murmurações.

Na Arábia, nome que significa "sagrada", existe um bosque do qual se extrai o incenso e a mirra. Aqueles que são seus proprietários são chamados em árabe *sagrados*. Quando podam ou fazem incisões nessas árvores, eles não participam de funerais e não se contaminam em relações com mulheres. O incenso, uma árvore muito grande e frondosa, de uma casca finíssima, produz um suco aromático como o da amendoeira. O incenso é chamado em latim *thus*, de *tùndere*, bater, ou também do termo grego *Theòs*, Deus, em honra ao qual é queimado. O incenso é, com frequência, misturado com uma resina e outras substâncias gomosas, mas é diferente por suas propriedades. Com efeito, posto sobre brasas, o incenso arde, enquanto a resina fumega e as substâncias gomosas se liquefazem.

A árvore do incenso representa a oração devota, que é grandíssima pela contemplação, frondosa pela caridade fraterna, pois intercede tanto pelo amigo como pelo inimigo; tem uma casca finíssima, isto é, manifesta-se externamente com a benevolência e emite o suco das lágrimas, perfumadíssimo e oleoso diante de Deus.

Lê-se no Cântico dos Cânticos: "Levanta-te, Aquilão!", quer dizer: Afasta-te, ó diabo!, "e vem tu, ó austro", isto é, Espírito Santo; "sopra no meu jardim", isto é, na minha mente, "e espalhem-se os seus aromas", isto é, as lágrimas! (Ct 4,16). Esse suco é a refeição dos pecadores, como o leite de amendoeira é a refeição dos doentes. Aquele que reza, bate no peito e a oração sobe a Deus. Mas ai! Hoje a oração devota é estragada com uma mistura danificada, isto é, com a resina da vanglória, como nos hipócritas, e com a goma do dinheiro, como nos clérigos desventurados que rezam e celebram as missas pelo dinheiro. A verdadeira devoção inflama-se ao fogo do amor divino, enquanto aquela estragada pela vaidade faz fumaça, e a corrupta pela cobiça se liquefaz.

A árvore da mirra atinge até *cinco côvados* de altura. O suco que dela emana espontaneamente é considerado mais precioso, enquanto aquele extraído pelo corte da casca é menos precioso. A mirra, assim chamada de "amargura", simboliza o amargo sofrimento do coração ou do corpo, cujo *primeiro côvado* é o pensamento da morte, o *segundo*, a presença do juiz severo no juízo, *o terceiro*, a sua sentença irrevogável, *o quarto*, a geena inextinguível, *o quinto*, a companhia de todos os homens perversos e *a penitência* (latim: *poena tenax*), isto é, os tormentos absolutamente inevitáveis e contínuos aplicados pelos demônios.

Se o sofrimento sai espontaneamente dessa árvore, é mais precioso, isto é, mais aceito por Deus; em vez, aquele que é produzido pelas feridas das enfermidades ou das adversidades, tem valor menor.

8. Portanto, os magos "ofereceram ao Senhor ouro, incenso e mirra". Assim também os verdadeiros penitentes oferecem-lhe o ouro da total pobreza, o incenso da oração devota, a mirra do sofrimento voluntário. E presta atenção, que o incenso da oração devota e a mirra da salutar penitência encontram-se somente na Arábia, isto é, na Santa Igreja. Aqueles que querem conservá-las e colher seus frutos devem afastar a si mesmos do cadáver do dinheiro acumulado injustamente, sobre o qual os avarentos se lançam como o corvo sobre a carniça, e dos contatos luxuriosos.

Supliquemos, pois, ao Senhor que nos conceda oferecer-lhe esses três dons, para depois podermos reinar com Ele, que é bendito nos séculos. Amém.

IV – Sermão alegórico

9. "Naquele tempo serão levadas oferendas ao Senhor dos exércitos por um povo dividido e despedaçado, por um povo terrível, depois do qual não houve segundo, por uma nação que está esperando, que é calcada aos pés e cuja terra é cortada pelos rios" (Is 18,7). Essa profecia de Isaías refere-se à conversão dos gentios, cujas primícias, isto é, os magos, levaram hoje os dons de ouro, incenso e mirra a Jesus Cristo, Senhor dos exércitos, quer dizer, dos coros angélicos. Diz Malaquias: "Desde o nascer do sol até o poente, o meu nome é grande entre as nações, e em todo o lugar se sacrifica e oferece em meu nome uma oblação pura, diz o Senhor dos exércitos" (Ml 1,11).

Ora, para conhecermos melhor a miséria do povo gentio e a misericórdia do Deus libertador, tratemos brevemente os dois assuntos.

Aquele povo gentio (pagão), do qual também nós somos filhos, estava separado de Deus por causa do culto aos ídolos; por isso, falando dos judeus idólatras que haviam se unido a Jeroboão, Oseias diz: "Efraim está ligado aos ídolos; afasta-te dele. Os seus banquetes são separados dos vossos" (Os 4,17-18). Jeroboão, cujo nome se interpreta "divisão do povo", "fez dois bezerros de ouro e disse ao povo: Não torneis mais a Jerusalém. Eis aqui, ó Israel, os teus deuses, que te tiraram da terra do Egito" (1Rs 12,18).

Do mesmo modo, o povo pagão era *lacerado* pela opressão do diabo, como se lê nas *Paixões* de alguns apóstolos: o diabo privava da vista, da audição e da capacidade de andar aqueles que o adoravam e os oprimia com várias tribulações. Diz Marcos: "E dando um grande grito e agitando-o com violência [o diabo] saiu dele" (Mc 9,25). E em outro lugar: "Os que eram atormentados por espíritos imundos ficavam curados" (Lc 6,18).

O povo pagão era também terrível pela ferocidade de ânimo. Diz Habacuc: "Eis que vou suscitar os caldeus, nação cruel e veloz, que percorre a superfície da terra, para apoderar-se das moradas que não são suas" (Hab 1,6). Os três magos vieram precisamente das terras dos persas e dos caldeus para adorar o Senhor. Depois daquele povo "não existiram outros tão terríveis"; com efeito, Habacuc continua: "É horrível e terrível; os seus cavalos são mais ligeiros do que os leopardos e mais velozes do que os lobos durante a noite" (Hab 1,7.8).

"Uma nação que espera." Esperava que se realizasse a profecia de Balaão, de que fala a Escritura: "Nascerá uma estrela de Jacó e levantar-se-á uma vara" (Nm 24,17), ou seja, um homem, "de Israel". "Nação oprimida" por muitas guerras. Como oprimia os outros, assim era também oprimida pelos outros: os caldeus destruíram Jerusalém e, por sua vez, foram depois destruídos por Ciro e por Dario. E não só eram oprimidos pelos estranhos, mas destruíam-se também entre si. Com efeito, Isaías continua: "Sua terra era destruída por seus rios", isto é, pelas guerras intestinas e pelo derramamento de sangue.

Rendamos graças a Jesus Cristo, que de tal povo, infiel e bárbaro, dignou-se aceitar hoje os dons, primícias de fé, e dele formar a sua Igreja, que somos nós. A Ele a honra e a glória nos séculos eternos. Amém.

V – Sermão moral

10. "Naquele tempo, serão levadas oferendas ao Senhor dos exércitos por um povo dividido de Deus" etc. Nesta passagem de Isaías são indicados os sete pecados mortais nos quais estavam enredados

no passado alguns que agora, por graça de Deus, converteram-se à penitência. Povo separado de Deus pela soberba, lacerado pela avareza, terrível pela ira; nação à espera pela vanglória, oprimida pela inveja; terra destruída por dois rios, que são a gula e a luxúria. Falemos de cada uma destas coisas.

"Povo dividido, separado", povo de soberbos. Como o vento erradica a árvore, assim a soberba separa o homem de Deus; diz Jó: "Como a uma árvore arrancada, tirou-me", isto é, permitiu que me tirassem, "a minha esperança" (Jó 19,10). A esperança do homem é Deus, da qual é separado, quando, pelo vento da soberba, é separado da raiz da humildade. E não deve causar admiração, porque a soberba tem esse nome porque vai acima de si (latim: *super se iens*), enquanto humildade quer dizer baixeza da terra (latim: *humi vilitas*). O soberbo sobe, Deus desce. O que existe de mais contraposto e antitético? O soberbo no alto, Deus embaixo. O soberbo erradicado de Deus: a Ele não é agradável, e a Ele não se une senão o humilde. A raiz é a vida da árvore, a humildade é a vida do homem. Se alguém tiver no seu jardim uma bela árvore frutífera, não lhe desagradaria se fosse arrancada pelo vento? Certamente! Maior ainda será o desprazer quando o vento da soberba arranca nossa alma do seu Criador, que detesta a soberba mais do que todos os pecados, resiste aos soberbos (cf. 1Pd 5,5) e derruba os poderosos! (cf. Lc 1,52). Realmente, a soberba está sujeita a quedas; quem está embaixo está mais seguro do que aquele que está no alto. Com razão, diz *Sêneca*: "Entrega-te a coisas pequenas, das quais não podes cair".

11. "Povo dilacerado" é o povo dos avarentos e dos usurários. Assim como as aves de rapina e as feras dilaceram um cadáver, da mesma forma os demônios dilaceram com a avareza o coração do avarento e do usurário. Diz Naum: "Ai da cidade sanguinária, cheia de falsidade e de extorsões. A rapina não se afastará de ti" (Na 3,1). A alma vive por meio do sangue (cf. Dt 12,23), o pobre, das próprias míseras substâncias. Tira o sangue do homem e do pobre as suas substâncias e ambos morrem. Portanto, os predadores e os usurários, que se apoderam das coisas dos outros, são chamados "cidade sanguinária".

Diz-se na *História natural* que os elefantes têm o sangue muito frio e que os dragões venenosos desejam muito beber aquele sangue e, portanto, quando há grande calor, lançam-se contra os elefantes para sugar-lhes o sangue.

Assim também os avarentos e os usurários, contagiados pelo veneno da avareza, desejam as coisas dos outros. O sangue dos pobres é frio, assim como todas as suas pobres coisas. A pobreza e a nudez não lhes permitem que se aqueçam, mas quando se acende neles o calor da necessidade, então os avarentos aparecem, fazem-lhes empréstimos para depois lhes sugar o sangue.

"Ai, pois, da cidade sanguinária, cheia de falsidade!" A falsidade está na língua, a laceração no coração, a rapina nas mãos. Lemos no Segundo Livro dos Macabeus que Judas, tendo cortado a língua do sacrílego Nicanor (depois de haver-lhe cortado a cabeça), mandou que a lançassem em pedacinhos às aves (cf. 2Mc 15,33). Nicanor, nome que se interpreta "lâmpada ereta", representa o usurário, que parece ereto e luminoso e, ao invés, logo cairá e se extinguirá. Diz Jó: "Quantas vezes apagar-se-á a lâmpada dos ímpios?" (Jó 21,17) e ainda: "Porventura não se apagará a luz do mal e nunca mais brilhará a chama do seu fogo? A luz obscurecer-se-á em sua casa e a lâmpada que está sobre ela se apagará" (Jó 18,5-6).

A lâmpada tem duas coisas: a luz e o calor. Assim, o avarento tem a luz do favor humano, e o calor, o desejo do lucro temporário. Quando se apagar com a morte, será privado de ambas as coisas. E já que sua língua foi dividida e repartida em muitas falsidades, será cortada e entregue aos demônios; ou, pelos pecados da língua será punido de diversos modos. Seu coração é dilacerado porque acumula com trabalho, guarda com medo e perde com desprazer. O diabo mantém junto a si o usurário inteiro: com a rapina o mantém pelas mãos, para que não dê esmolas; com o tormento de acumular o mantém pelo coração para que não pense no bem; com a falsidade o mantém pela língua para que não pregue e nunca diga nada de bom.

12. "Povo terrível" são os iracundos ou os furiosos. Do diabo ou do homem iracundo Jó diz: "Juntou o seu furor contra mim e, ameaçando-me, rangeu os seus dentes contra mim. O meu inimigo olhou-me com olhos terríveis" (Jó 16,10). Vê quão terrível é o homem inflamado de ira: enruga a fronte, tem a face pálida, as narinas frementes, os olhos turvos, os lábios lívidos, range os dentes e tem nas mãos o azorrague. Um homem assim reduzido outra coisa não parece senão uma besta feroz. Com efeito, diz Isaías: "Depois dele não houve outro homem" (Is 18,7) tão cruel, tão bestial.

No Livro de Daniel diz-se de Nabucodonosor: "Mude-se nele o coração de homem, e lhe seja dado um coração de fera" (Dn 4,13). Não se deve entender que Nabucodonosor tenha sofrido uma mudança no corpo, mas que teve uma alienação mental, um delírio. Foi-lhe tirado o uso da língua para falar, e parecia-lhe ser um boi na parte anterior e um leão na posterior. Assim, aquele que está inflamado pela ira sofre uma alienação e não é mais capaz de falar corretamente. Primeiro se agita como um boi com os chifres, prorrompendo em ameaças e blasfêmias, depois, como um leão, excita-se e despedaça com as mãos e com os pés.

13. "O povo que espera" são os hipócritas e os vangloriosos: por toda a obra que fazem, esperam, como os mercenários, a recompensa do louvor. Lemos no evangelho: "O mercenário vê chegar o lobo, abandona as ovelhas e foge" (Jo 10,12). O lobo é a sugestão diabólica, as ovelhas são os pensamentos bons. Quem não age por amor à justiça, mas pela recompensa da vanglória, cede facilmente à tentação e se se propusera alguma coisa boa, abandona tudo. Dessa espera, diz-se no salmo: "Todos os animais do campo bebem nas fontes; suspiram por elas os onagros na sua sede" (Sl 103,11).

Há duas espécies de onagros: uma sem chifres na Espanha, e outra com chifres na Grécia. Duas são também as espécies de hipócritas. Alguns hipócritas são, por assim dizer, sem chifres: eles, quando recebem uma injúria, mostram-se mansos, são calmos na tribulação e, por vezes, recusam as honras; mas fazem tudo isso por astúcia, porque, fingindo fugir da glória, na realidade a procuram. Os outros hipócritas, ao contrário, têm chifres: são aqueles que à primeira palavra injuriosa apresentam os chifres da soberba e imediatamente mostram por fora o que são por dentro.

O onagro deriva seu nome do grego *onos*, asno, e do latim *ager*, campo (o onagro é o asno selvagem). "O campo é o mundo" (Mt 13,38). Portanto, os hipócritas, tanto aqueles com chifres como aqueles sem chifres, são os asnos do mundo, ao qual servem; esperam a recompensa do louvor e do dinheiro, e tudo isso "na sua sede", em que ardem, e não descansam enquanto não beberem alguma coisa. Mas "as bestas do campo", isto é, os simples, "bebem no gozo nas fontes do Salvador" (Is 12,3), que são duas: a graça e a glória. Na primeira fonte bebem de fato, na segunda, na esperança, à espera de poder fazê-lo na visão.

14. "Nação oprimida" são os invejosos, atormentados e oprimidos pela felicidade dos outros. Os tiranos da Sicília não encontraram tormento maior do que a inveja (Horácio).

Lemos no Primeiro Livro dos Reis: "Saul matou mil, e Davi, dez mil. Saul irou-se em extremo, e desagradou-lhe esta expressão, e disse: Deram dez mil a Davi e a mim mil; que lhe falta senão só o reino? Daquele dia em diante, pois, Saul não via Davi com bons olhos" (1Sm 18,7-9). Eis como estava atormentado, eis como se sentia oprimido.

15. "Os dois rios" simbolizam a gula e a luxúria. O Cobar e o Tigre são os dois rios da Babilônia (cf. Ez 1,1-3; Dn 10,4).

Cobar interpreta-se "gravidade", e representa a gula, da qual Lucas diz: "Velai sobre vós, para que não suceda que os vossos corações se tornem pesados com a gula, a embriaguez e com os cuidados desta vida e para que aquele dia não vos apanhe de improviso" (Lc 21,34).

Tigre, rio que toma o nome de uma fera (o tigre) matizada de várias manchas, de força incrível e uma velocidade admirável, representa a luxúria. Esse vício é coberto com as manchas de vários prazeres da vida; é forte quando tenta e é veloz, porque também o prazer passa rápido. Diz o Bem-aventurado Bernardo: O futuro atormenta, o presente não sacia, o passado não deleita. Esses dois rios "destroem a terra", isto é, subvertem a mente de quem lhe é escravo e lentamente a destroem.

Vimos a miséria de todos estes; consideremos também a misericórdia que os liberta de tanta desgraça. Eis que neste tempo de bondade e de misericórdia divina os pecadores, dos quais temos falado, levam a Jesus Cristo, o Senhor dos exércitos, isto é, das virtudes celestes, o dom de sua penitência.

Também vós, caríssimos, levai, junto com os magos, os vossos dons: o ouro da contrição, o incenso da confissão, a mirra da satisfação, ou seja, da obra de penitência, para poderdes ser dignos de receber do próprio Jesus Cristo, o dom da glória no céu. Vo-lo conceda Aquele que é bendito nos séculos. Amém.

EDITORA VOZES LTDA.
Rua Frei Luís, 100 – Centro – Cep 25689-900 – Petrópolis, RJ
Tel.: (24) 2233-9000 – E-mail: vendas@vozes.com.br